留下來生活

Stay with me

對於習慣流浪的人來說，停留比離開更需要勇氣。

他們渴望將一切封存在最年輕、美好、沒有傷痕的畫面中。因此總是在起風前就揚起帆，穿梭於陌生的臉孔之間，寧願活在別人的回憶，勝過於生活裡。只因為對於延續一件事物所感到的困難，所以逃走，若還沒，就是在計畫著逃走。

CONTENT

目錄

CHAPTER ONE 第一章

在亡靈節死去

從南非旅行到墨西哥城（Mexico City），四段航程，跨越半個地球的距離與時差。終於落地的那天我感覺頭重腳輕，疲憊不堪，仍為了即將到來的慶典忙得人仰馬翻。

凱爾、李歐與一些當地朋友熱情接待我，隔壁雜貨店的年輕人一看到我們，先是塞了一大堆墨西哥特產的辣味糖果給我，然後拉下鐵門，說不做生意了！帶我們去吃飯！腦袋還沒清醒，就被強烈的拉丁熱情牽著手旋轉。心裡倒是雀躍，一場嶄新的冒險，從眼前那五盤不同辣度與口味的墨西哥辣椒開始展開。吃完了午餐，李歐開車帶我們去市場，街上隨處可見太陽般盛開的萬壽菊，家家戶戶都準備好了慶祝一年一度的亡靈節（Día de los Muertos）。

市場像園遊會一樣熱鬧，各式奇裝異服、飾品、紙雕、骷髏造型的甜點，好像都在跟來往的人們說著：「Feliz Día de los Muertos!」（亡靈節快樂！）走到花市區，橘色與黃色的萬壽菊更是滿坑滿谷，他們象徵著生命的綻放，也被視為引領亡者回到人間探親的通道，總在每年秋天妝點著墨西哥各個角落。

亡靈節源自於古老的阿茲特克民族（Aztecs），在他們的信仰裡，死亡只是生命的週期。像吃飯睡覺一樣必備，並且，死亡後的靈魂只要還被記得，就仍是與所愛同在。我不禁想，是因此古文明中才總是在進行活人獻祭嗎？在祭臺上將心臟挖出，奉獻給天神、或是某種更大的神祕力量。畢竟若死亡不代表失去，就不會覺得有什麼悲傷與可惜吧。

他們相信萬物都不會真的死去，只是改變存在的形式。

是嗎？如果真是這樣，那離開身體的靈魂去哪了呢？他去哪了？

那個有著一雙小狗眼睛的大男孩，第一次相遇在晴空萬里的太平洋上。甲板上的他因陽光刺眼而皺著眉，而嘴角是笑著。我記得在小說裡看過這段話：

「什麼時候認識一個人，對他的印象就會永遠停留在那個當下。」人沒有辦法想像還沒認識時，對方更年輕的樣貌；但不論過了多久、變得多老，一閉上眼，腦海中都能馬上浮現相遇的那天。有時候我也相信，人與人之間的羈絆是早就注定好的，時間到了就會出現，時間到了就會離開，我們的行為與喜怒哀樂不過是隨波逐流，順水而下。

十一月二日。為了墨西哥城的亡靈節遊行，早上八點起來化妝。李歐也在化妝師之後抵達，拿著相機開始幫大夥們拍照記錄。有一瞬間，我想到一個月前參加的婚禮：人們在飯店走道上來來去去，有時小碎步，或者難掩興奮而跑了起來，熱鬧地準備展開一場盛宴。我是那個新娘，不過是地獄新娘，所有裸露的肌膚都刷上了白色的漆，用陰影疊出胸骨，嘴角裂到臉頰的兩側。鏡子裡，皮肉在化妝師細心的建構下漸漸消失，我伸出化為白骨的雙手，仔細瞅著輪廓，感覺自己慢慢地蛻變。接近正午時分，窗外下著大雨，而我成為了卡特琳娜（Catrina），街上千萬位骷髏小姐之一。

卡特琳娜這個角色，由活躍在九〇年代的墨西哥畫家、政治家——荷西波薩達（José Guadalupe Posada）為諷刺當時的社會氛圍所創造。如今骷髏成為了墨西哥文化中代表性的標誌，特別是每到亡靈節時期，彷彿印證波薩達的那句名言：「眾生皆骷髏。（Todos somos calaveras.）」大街小巷，從墓園到公園，都可以見到骷髏裝扮的人們。

穿梭在人群裡，理所當然的，很快就和夥伴們走散了。我們都打扮成骷髏，和街上百分之八十的人一樣，所以，一直待在原地，也絕對找不到彼此。遊行隊伍抵達，華麗、盛大，誰會用嘉年華來呈現死亡呢？

街道另一邊，擺滿了彩色的靈獸雕像，接近螢光的彩度與纏繞的圖騰勾勒出長了翅膀的各種動物，我不確定靈獸的樣貌是如何流傳而來，但畫出這些意象的人，一定吃了不少迷幻仙人掌。那種無刺的小型仙人掌生長在炙熱的沙漠，有個美麗的中文名字是「烏羽玉」，他甚至出現在阿茲特克文明的信仰裡，據說巫師會帶領族人進行儀式，吟唱特殊的烏羽玉之歌，然後一起吃下乾燥的仙人掌球莖，進行長達好幾個小時的感官旅行，穿梭在虛實難分的幻覺與強烈的情感之間。馬雅文明（Maya）裡，打勝仗的戰士有至高無上的尊榮，去獲得一份新任務：奉獻餘生成為眾人與烏羽玉的橋樑。引領整個部族傾聽他的神奇力量與啟示。原來偉大的古文明與預言，可是跟沙漠裡的天然迷幻藥息息相關，當我聽到這段故事時，竟感到荒謬又興奮。

圓環旁的市集車水馬龍，有賣烤肉的骷髏、彈吉他的骷髏、吹泡泡的骷髏、年輕骷髏、胖骷髏、很高的骷髏、嬰兒骷髏、也有骷髏正在把別人畫成骷髏。不過一覺醒來，城市的樣貌變得截然不同，也許此刻的慶典，是另一個平行時空的日常。那裡的骷髏永遠是骷髏，那裡的骷髏不會走在墨城的人行道上，腦袋卻滯留在那艘太平洋的船。該死，我們總是三言兩語的傳著訊息，即使分隔兩地，相距十萬八千里，只要找他，他就在。像這樣的人怎麼會突然音訊全無呢？愛苗消失了，就跟我說一聲啊，不說也罷，從此再也不聯絡，離開我就算了，別突然離開這個世界啊。與他失聯第十天，輾轉接到消息時，好像有什麼東西被破壞了，我很清楚聽到斷裂的聲音，周圍卻絲毫沒有改變，世界繼續運轉，才發現是我對他的記憶，就此停住了，既回不去更年輕的時候，也走不到未來，像到了懸崖旁，想回頭卻發現來時路已坍塌，只能站在原地，哪也去不了。

旋轉在人群裡，我努力讓思緒回到當下，努力讓雙腳著地。都沒有人看見我的努力嗎？為什麼還要一直撞到我的肩膀。

至少雨停了，雖然天空仍刷著一層很厚的灰色。我們在一間連鎖餐廳裡隨意地用餐，李歐強烈推薦我喝 Sopa de pollo——墨西哥式雞湯。我這個亞洲胃自然是喜歡湯湯水水的料理，也慶幸這墨式雞湯不是濃湯，而是清湯，加了一些蔬菜與米飯，當然，還有雞肉。

「這樣吃才道地！」李歐邊說邊拿起兩塊檸檬，往我的湯裡擠。檸檬汁唏哩唏哩地落在湯裡，混在一起的液體不也像生命嗎？一去不復返。墨西哥人什麼東西都要加檸檬，從啤酒到 Tacos、披薩、湯、沙拉。也許是因為陰天的關係，天色很快暗了下來，夜幕低垂，憲法廣場上，另一場派對才正要開始。與白天遊行的歡樂嘉年華不一樣，夜晚更多了一絲死亡的詭譎氣氛。廣場上人滿為患，幾乎每個人都裝扮成了別的樣子，有惡魔、可怕的兔子、鬼娃恰吉、小丑、繃帶人、吸血鬼等各種惡夢與恐怖電影裡會出現的角色。

我們拿著相機狂歡，與路人合照、同時努力不要再度走散。我們在路邊喝 Shots，鑽進巷子裡隨著街頭藝人的拉丁音樂翩然起舞，我們跳 Salsa，那畫面像一部九〇年代的電影，美到絕無僅有。但Salsa對我而言還是太過親密了，我是電子音樂派，喜歡看到舞池裡每個人跳在自己的泡泡裡，不互動不影響彼此。保持距離比較好，為了保持距離，我們離開廣場的人群，坐在路邊吃烤肉捲餅，而公園中央，還是有人在跳Salsa，每個人都以自己的形式狂歡，很好，人生本該如此。

我也曾經和他一起狂歡，在語言不通的山谷裡，家家戶戶都端出了拿手好菜，樂團在遮雨棚下唱著搖滾樂，人們握著啤酒旋轉。我們大笑、故意錯過約定好應該要離開的時間，續攤、惹怒陌生人、逃走、玩歌詞接龍遊戲、對路邊的小狗愛不釋手……一切都年輕美好，就像我們的關係一樣，乾乾淨淨，沒有歷史，沒有傷痕。我們坐在稻草堆上聊夢想、各自的夢想。

「我要航向世界。」他望著星空。那要花多久的時間啊？他說時間並不重要，重要的是，專注在自己要前往方向，方向對了，就會到。

「就算妳一直往東走、我一直往西走，也還是會再遇見。因為妳知道，地球是圓的。」

分開的那天，天氣仍晴朗、我們仍如此開朗。時間才不是感情的殺手，我喜歡他，像喜歡冬天的熱紅酒一樣；像抱著一隻毛茸茸的大狗狗在陽光普照的草地上打滾那樣喜歡。這種感覺既不會消失也不會淡去。

「江湖再見！」

江湖再見，年輕的我們狂妄地以為自己可以完成任何事情，卻忘了世界上仍有這身血肉之軀到不了的地方。我的眼淚掉在黑色紗裙上，心裡還乞求別花了妝。我太生氣了，太生氣這個世界沒有好好對待他。我也太累了，倒在旅館的床上瞬間失去意識，沉沉地睡去。

再次張開眼時，已經清晨六點，街道上空無一人，昨日的盛宴像一場夢。亡靈節結束了，派對也結束了。按照習俗，逝去的靈魂們將回到亡靈的世界，而在人間的親人們，會回到原本的日子裡，繼續活下去。我伸展疲倦的筋骨，走進浴室，用泡沫與熱水洗去膚上的顏料，卸下卡特琳娜的裝扮，站在鏡子前，終於再次看見自己的臉，彷彿在說，再見，對她，與他。

留下來生活

Stay with me

Me gustas cuando callas porque estás como ausente.

Distante y dolorosa como si hubieras muerto.

Una palabra entonces, una sonrisa bastan.

Y estoy alegre, alegre de que no sea cierto.

——Pablo Neruda

CHAPTER TWO 第二章

只能陪你到這裡

旅居波蘭的時候，公寓後面是一大片草原和森林，附近居民們時常去散步、慢跑、騎腳踏車。森林旁有一間馬廄，三五匹馬會在黃昏時出來覓食吃乾草，偶爾會遇到穿著專業馬靴的小孩來學騎馬，這邊沒有提供觀光體驗，只有認真的馬術課程。

據說馬場主人擁有這一大片草原的地權，好幾次建商來洽談，他都不願意賣掉土地，也不願意商業化經營，只想要維持這樣，小小的、自由的。那個小鎮在波蘭北部，走路十分鐘就可以看到波羅的海，這裡夏天過得像秋季，最高溫只有十六度，即使在七月的陽光下吃冰淇淋仍會感覺冷，而記憶裡的一切也都如秋般染上金黃。

我的朋友叫賽門，是一隻後腳關節受傷的馬。那天帶著相機在芒草間捕捉夕陽，馬廄的爺爺正帶著賽門去散步，我們開始談話，他問我要不要坐上賽門的背，陪牠走一段路。我說牠腳受傷了，不好吧？

「適當的負重對賽門的復健有很大的幫助喔。」爺爺半蹲，讓我踩著他的膝蓋爬上馬背。「大腿夾緊，手可以輕輕抓著牠背上的毛，就不會摔下來。」我有些害怕，就這樣走著，噠、噠、噠、噠……身體放輕鬆隨著賽門的步伐起伏。

「比起背著沉重又無聊的米袋，賽門一定比較高興有妳的陪伴。」爺爺說我的體重剛剛好。

在賽門的復健課表裡，為了恢復腿部肌肉的強韌，會循序漸進再背上重量。每個禮拜三我們都一起去散步，沒有馬鞍，沒有馬蹄鐵，我撫摸著馬背感受牠的呼吸，牠深色鬃毛的粗糙與皮膚的溫度，漸漸不再感到陌生。

日復一日，時光如秋葉，在我們發現之前已掉落滿地。我在波蘭的最後一週，下了好幾天的雨，直到要去機場的那天早晨，我穿著深綠色雨衣，啪嗒啪嗒地，踏過積水的草地來到馬廄前。連夜的大雨讓一切都溼透了，老爺爺當然不在，賽門也不在。

年少時總以為離別的場面應當驚天動地，伴隨著甩門的聲響、差點被車撞或者戲劇化的奔跑。直到那天，獨自走回公寓的路上才發現，哪來什麼依依不捨的哭喊？離別的喧囂是孤獨，它能夠製造的最大聲響，不過是一個人站在空蕩房間裡所等不到的回音。

我不擅長道別，一顆心總是流連忘返。要學會放手，我試著裝酷，努力面無表情卻仍在心中哭喊：「Please don't let go of my hands.」像小時候爸爸牽我過馬路一樣，小小的我會仰頭看著他，把手握得很緊很緊，彷彿只要這樣，世界上就沒有什麼傷害得了我們。但為了讓我進教室上課，或者如願去跟同學玩，過了斑馬線後，我們必須放開彼此的手，像這樣微小的道別，每一次我都覺得很失落。長大後，懷抱滿腔的感情穿梭在洶湧人潮裡，談戀愛像在抓浮木，抓到了就想死命依賴著。在失戀的悲傷中，我想起賽門，想起我們一起散步的森林，忽然明白了，世間所有的相遇，都只是為了「陪你走一段路」。人一生中所擁有的陪伴都是有限的，可能是一天、一個月、一年或是五十年，時候到了，他們就要走。

就如我隨著飛機離開格坦斯特機場，離開了與賽門一起散步的日子。雖然再也沒有馬廄的消息，沒有機會好好說再見，心中卻仍感到飽滿，感謝宇宙讓我們相遇在最恰當的時候，回憶雖短暫卻是在千百個擦肩而過的可能中，如此剛好的遇見。

我們的任務完成了，所以未來要分開走。而生活中處處是這樣的場景：不論多麼希望此刻的相伴綿綿無絕期，仍是，只能陪你到這裡。

留下來生活

Stay with me

我們喝琴湯尼，我們要跳舞，
我們都帶了手錶，但是我們要跳到忘了時間。
我們閉上眼在音樂裡快樂地撕心裂肺，
我們把靈魂藏起來，
把受過傷的心臟摔在地上，摔得粉碎，
碎成粉末般風一吹就看不見。
我們不在乎明天，
此刻要在暗紅色的燈光裡把力氣用光，
成為一灘爛泥巴。
只因為我們還渴望，
只因為我們還相信，
徹底的毀滅可以徹底重生。

CHAPTER THREE 第三章

賴索托有什麼

帶媽媽出國，二十天的旅程，一口氣飛到看似遙不可及的非洲大陸。

大家都說帶父母出國需要的不是愛而是勇氣，坊間流傳各種「不吵架祕笈」，彷彿電視廣告中那樣溫馨的全家福笑容並不存在，在真實世界裡，是一篇又一篇家人之間如何消耗彼此直到撕破臉的恐怖故事。話說回來，我們家的媽媽一向充滿活力，偶爾愛碎碎念和強迫症，但從不抱怨，因此我沒有太多的擔憂。出發前也幫彼此做好心理建設：「這不會是一趟豪華的旅行，可能有些事情妳不習慣。我們會有幾天要露營，會跟一些陌生人在一起，會坐很久的車，但是相信我一定會是一趟很棒的旅行。」我對母親說。

「妳是一個大人了，這趟旅行由妳負責，妳要照顧媽媽！」我也對自己信心喊話。

老實說，我從小就在等這一刻：擁有照顧別人的能力。我是家裡的獨生女，是整個家族裡年紀最小的孩子，任何責任都輪不到我的肩上。大人們總是會說：「要照顧妹妹喔。」而我永遠是那個被保護、被安頓好的小妹妹。正因為大家都會照顧我，讓年紀小小的我想努力變得強壯，有一天能夠回饋這份愛，我渴望有能力和長長的手臂去保護心愛的人事物，我要他們無憂無慮，對我予取予求。

這一天終於悄悄地來臨。

理想中的我滿懷抱負，現實卻是困難重重。

當一個大人真不容易。不會講英文的母親，從上了飛機後化身為凡事都需要我處理的寶寶。於是，為了維持長遠的和諧關係，我開始教她說咖啡加牛奶的英文。

「Coffee with milk.」

「Coffee.」

「Milk.」

「妳做得到的！」耐心教學外加愛的鼓勵之後，母親成功憑著一己之力向空服員拿到想要的飲料。看著她感覺自己有所突破地呵呵笑，我也鬆了一口氣。

抵達南非後，我們的第一站從約翰尼斯堡（Johannesburg）驅車前往賴索托（Kingdom of Lesotho）。

當天早上七點吃早餐，八點出發。賴床的我在母親音頻偏高又帶些怒氣的「起床了啦！」中嚇醒。慌亂中醒來的我心情很煩躁，除了要退房、把全部行李搬上車、還要填寫兩大張表格，連母親的份一起寫，祕書兼翻譯。我不是不耐煩，只是在同時處理太多事情的一大早，一切都混混亂亂的。

往後十六天的行程，我們與一車來自世界各地的旅人一同上路。萬里無雲的十月天，越是往邊界開去，沿途的街景越是荒涼。

「我們要從這裡下車，走過去對面。」

是一座連結著邊界的橋，跨越劃出邊界的河。蓋章，進入全境被南非包圍的國中國——賴索托。

「賴索托有什麼？」

我也想知道。沿路上我必須反覆默念「Lesotho, Lesotho.」，才勉強記住它是叫做賴索托不是賴托索。因為地處高原，最低處仍有海拔一千公尺高，賴索托被稱為「天空之國」，聽起來又藍又綿，然而，隨著入境後唯一一條公路走，依著河谷蜿蜒而漫長，映入眼簾的是一片廣大的黃土色的貧瘠。偶爾經過幾間以蘆葦製成圓形屋頂的矮房，偶爾經過幾位步行的路人。幾乎我們看見的每個人都在走路，在前不著村後不著店的長路上慢慢走著，到底要去哪？看得我心都急了起來。經過前後約只有五十公尺的「市區」，車子塞在市集人潮中。透過透明的玻璃車窗，幾位神情嚴肅的少年與我們四目相交，空氣凝結，尷尬對望著。不確定是車上的誰先送出了微笑，窗外原本看似兇神惡煞的男孩們，突然露出整排潔白的牙齒與大大的笑容，手舞足蹈地向我們打招呼。

從那之後，我們開始對每一個經過的人揮手。

路上有很多剛下課的孩子們，看見我們經過都熱情地揮手、開懷大笑，甚至引來一陣喧嘯的嬉鬧。婦人頂著一籃一籃衣裳往河岸的方向前進，有些人看著我們這一車外來者，露出疑惑的神情，當我冷漠地看著他們，他們也會同樣面無表情地站在原地；然而當我露出微笑，接受到的回應總是加倍的友善與燦爛。

原來世界是一面鏡子。在那窗裡與窗外，印證的是全世界的縮影，當外在的映像進入了內心宇宙裡，它是中立的，緊接而來的反應不只是自我輸出，更會化為迴力鏢般緊緊跟隨的回應。

SUPER BOCK

賴索托的男人們帶著巴索托帽，女人披著鮮艷的披毯，可以在寒冷時保暖，在下雨時遮風擋雨，適合晝夜溫差大的高原生活。半天的時間後我們抵達 **Tsehlanyane** 國家公園，位於深山的偏遠小屋被大自然包圍，沒有任何網路訊號。我與母親在叢林中散步，還好坐了一整天車的她仍神清氣爽，精神飽滿。這是我們離開城市後的第一個目的地，她一邊左顧右盼，一邊大口大口地吸氣。

「空氣真好！」

「從來沒想過能跟女兒一起踏上非洲大陸。」她牽著我的手，隨著步伐甩啊甩。

「很奇怪的感覺，離我們熟悉的一切這麼遙遠。」

因為正處於乾季，河谷的水位很低，四周只生長著低矮的灌木群，葉片堅硬而細小，有助於保留這季節得來不易的水分。萬物一片寂靜，夕陽將山巒染成柔軟的粉紅色。我們在賴索托沒有轟轟烈烈的娛樂，甚至沒有所謂景點，只有緩慢的經過。徒步在群山環繞的高原，彷彿時間都蒸發在空中，我知道有些人害怕這樣的空曠感，他們難以忍受缺乏熱鬧的孤獨，因為孤獨給予了思考的空間，這扇門的背後充滿了未知，而未知總是伴隨著恐懼。

想起沿途遇見，那些素昧平生的笑容，彷彿在提醒著我，最終一切皆是源於自身。當內心充滿怨懟，看待事物的眼光也會變得慘澹；如果掙扎、抱怨卻不做出改變，便如同自掘墳墓，哪都去不了。而最好的改變，是改變自己。帶著這分啟示，接下來的旅程中我不再賴床，甚至每天提早起床，讓我有至少半個小時的「Me time」，靜靜地喝一杯咖啡、做十分鐘瑜伽，整理好自己，為一天做好準備。心情愉悅的我，倒一杯溫開水放到母親床頭，小小舉動讓她倍感貼心，而我也擁有了獨自的美好早晨時光。

在賴索托的最後一個夜晚，山谷中傳唱著這樣一首歌——

「Beautiful Lesotho, beautiful Lesotho.

We will never ever forget you, beautiful Lesotho.」

（美麗的賴索托，美麗的賴索托，
我們將永遠不會忘記你，美麗的賴索托。）

賴索托是非洲最低度發展的國家之一，全境無鐵路，基礎建設與醫療資源同樣匱乏，愛滋病感染嚴重，人民平均壽命只有三十五歲。而近年來，政府將國小納入義務教育，國民識字率已經提升到了接近百分之九十；我想起了路上一群一群穿制服的孩子們、坐在樹下寫著作業看起來很懊惱的小學童。我看見的賴索托，有人們充滿好奇的目光，有一步一腳印耕耘著的生活，有曠野、有綿羊與馬，還有在相遇的剎那，他們用真誠的笑容教會我的，最寶貴的一課。

CHAPTER FOUR
第四章

似曾相識

「越南中部，一座靠海的城市。」

快速發展中的芽莊（Nha Trang），擁有天然無際的沙灘在海岸線綿延出一場東方夏威夷之夢。萬丈高樓平地起的五星級飯店布滿沿岸，從機場到市區的途中也不乏正在興建中的鋼筋水泥。車水馬龍的主要幹道緊鄰沙灘，不難想像天氣好時從高處眺望這片蔚藍海洋會有多麼如夢似幻。當堵塞在交通繁忙車陣裡，我望著左手邊的高樓大廈，又看看右旁的人工造景與海灘，喇叭聲四起，灰濛濛的天空下，又大又直的馬路彷彿一隻神獸，征服了曾經在此落腳的小漁村。它一路向北延伸，看不見盡頭，街燈與購物中心的霓虹燈同時亮起，突然間一股似曾相識的衝動湧入我的腦中，是什麼？海的氣味、越南小販的輪車與水泥地，混雜在一起捲成一個黑洞。

正當我的身體仍若無其事地坐在廂型車裡，意識卻已支離破碎。

碎成千萬隻蝴蝶集結飛翔著，尋覓那股力量的蛛絲馬跡。我左顧右盼，絞盡腦汁地掃描細節，需要線索。觀光客的喧囂、筆直的路、沿岸的椰子樹、海灣、高樓、筆直的路……啊，我曾經來過這裡。

不，那並不是前世的記憶。只是大約兩年前不經意的經過，記憶便在此沉下了錨。

那是一班從會安古城（Hoi An）前往胡志明市（Ho Chi Minh City）的夜班車。睡眼惺忪的我被車長的聲音喊醒：「胡志明！胡志明請下車！」這麼快就到了嗎？我迷迷糊糊還搞不清楚自己在哪，先是拿了行李，雙腳踩到柏油路時才發現，原定早上七點到，而現在才凌晨三點，這裡不是胡志明。昏黃的路燈下，周圍全是跟我一樣剛被趕下了巴士，滿臉疑惑的外國人。

在開發中國家旅行，時常會發生這樣的事：搭長途車需要中站換車卻沒被事先通知，半夜被丟包在路邊，等著不知道何時會出現的下一班車。

旅人們倚靠著自己的背包席地而睡，靜謐的時間一點一滴過去。天色漸漸亮，路邊有一些早起的攤販開始做生意，終於一間旅行社開啟大門，原來從芽莊出發去胡志明的第一班車，是清晨五點半。看一看手錶，還有大概一個小時，至少等待有了終點線，便不再感到遙遙無期的難捱。我在地圖上發現往東邊走兩個街口就是海，行李不多，便決定背起背包去散散步。我仍然不知道自己在哪，只知道那裡的高樓與馬路都看起來好新，太陽還沒升起，整座城市蒙著一層清涼的冷色調。

不論遠或近的陌生之地，只要曾親身去過一趟，彼此的關係就會被永遠修改。

在抵達的那一瞬間，靈魂與空間會搭出一座永恆的記憶之橋。無論時間過了多久，只要再次踏上同一片土地、進入同一個空間，就會觸發連結，引領你走上記憶之橋，橋的兩側放映著過往零碎的片段，有時候鮮明到還聽得見心愛的人講的笑話、爭吵的尖銳、疼痛，甚至聞得到當時空氣中的味道；而有時，也模糊到只剩下寥若晨星的恍然。

不論情願與否，它都會成為你的一部分。

在芽莊的那幾天，探訪了高空酒吧、祕境小島、寺廟與古堡。然而每當經過濱海公園，彷彿還能看到兩年前，清晨五點，坐在長椅上的我。望著漸漸被日出染成金黃色的海面，被早起慢跑與晨泳的人們感動著，當時我脫了鞋子踩在沙灘上，因為這一片海，讓徹夜的等待染上一絲絲光明與喜悅，心頭被一股暖意充滿，早已忘了長途跋涉的疲憊。

當時的我沒有想過，未來某一天，我會如此不經意地再次抵達這座城市。

正因為記憶像是在不同緯度裡暢行無阻的宇宙列車，每次的造訪都建造出一座看不見的城。一個人的生命就是這樣被一層一層堆疊上去的，而每一層都沒辦法重來，每一層都看似無關緊要卻緊緊跟隨。

每當舊地重遊，總是一不留神就會迷失在記憶之橋為我攤開的四次元地圖中。

所以小心翼翼是必然的，小心自己的存在、小心置身於何處、小心批評、小心傷人的無心之過。回憶的創造是不可逆反應，甚至時間不會沖淡任何事情，有意識或無意識的當下，所有的情緒與情境都已經被儲存封印。過去從來不會過去，只是被留在另一個平行時空裡，不斷重複播放。

小心你的感覺，小心你的步伐，因為古老記憶的觸發，只需要一抹似曾相識。

留下來生活

Stay with me

CHAPTER FIVE

第五章

想家（卻不知家在哪）

旅行久了，對於人事物的依戀變得很低。畢竟能裝進背包裡的不過那些，每一趟旅行都在提醒著我：凡是能夠被拿起與放下的有形之體，都是身外之物。

結束了墨西哥的行程之後，同行者們分道揚鑣，有些人飛去古巴，有些人搭上從洛杉磯轉回臺灣的班機。而我則是拖著疲憊的身軀，入住坎昆（Cancun）靠近瀉湖畔的青年旅館。離開之前，我給自己三天的時間休息、閒晃、用一個人的步調與視角看看這個地方。

可惜說到休息，坎昆恐怕不是我的最佳選擇。這座位於加勒比海沿岸的城市，從一九七〇年代開始就被政府設計發展成度假勝地。專門吞吐觀光客的小小機場，離墨西哥首都約兩個半小時的飛行時間，每天平均有兩百架班機起降。若是來到「飯店區（Hotel Zone）」更能夠感受到精心規劃的商業氣息，大部分駐足此地的旅客，抵達機場後就會坐上度假村專車，直達三餐全包的大飯店，享受幾日無憂無慮的陽光與沙灘。

有人說坎昆根本不算是墨西哥，比較像是一個遺世獨立的，派對天堂。

這裡被稱為美國人的後花園，他們來到這不需要滿二十一歲才能喝酒，舒適宜人的天氣，加上相較之下便宜到不行的一切花費。在二〇一七年的數據統計中，有三千五百萬美國人造訪這座城市，而此刻的我，是在充滿西方臉孔的派對叢林中，試圖尋找一片寧靜的小傻瓜。

猴子旅社是光芒四射的飯店區當中，最平價的旅館。入住當天是星期五晚上，不愧仍是坎昆的一部分，交誼大廳便是酒吧，木質地板搭配半開放式的戶外區，還附有歡迎在池內飲酒的游泳池。不但設備齊全，還請來 DJ 與 MC，轟隆轟隆地喧嘩著夜。

我有提到我是想要好好休息嗎？那天晚上的結局是，我加入了交誼廳的團康遊戲，與一群講西班牙文，來自拉丁美洲各地的年輕男女一起跟著音樂搶椅子，得失心作祟如我，還搶來第一名的寶座，贏得免費調酒。凌晨兩點，喝

完馬丁尼的我終於精疲力盡地回到背包房裡，和下鋪室友打過招呼，鑽進去我的床位。床位像一個櫃子，拉上簾子後成為私人盒子。

在盒子裡仍聽得到大廳的電子音樂，雖然門口貼著告示：兩點後請保持安靜。恐怕週末即是例外，坎昆的夜未眠從來不被幾個想睡覺的人掃亂興致。

我在翻來覆去的同時，想起位於南方一小時車程的圖倫（Tulum），許多潛水客在那落腳，最著名又特別的是那得天獨厚的瑪雅溶洞。

謠傳說溶洞是隕石墜落造成的，聽起來很浪漫，事實上，整個猶加敦半島（Yucatán）是一大塊離開海底的珊瑚礁，其中地質較脆弱的部分崩塌成天然洞穴，裡頭盛著清澈涼爽的淡水，在瑪雅時期被視為通往亡靈之界的入口。多變又複雜的地下通道吸引世界各地的潛水好手聚集於此，看著照片中那半透明的藍色，我想，那就是我接下來要去的地方了。

隔天凌晨四點搭上巴士，原本還擔心，獨自遊蕩在夜深人靜之中會不會有點危險，而巴士才轉彎過了一個街口，大批剛結束派對的人們湧入，還有幾個沒搭上車的男子醉倒在路邊。人們意猶未盡，七嘴八舌地劃破夜的寂靜。

「我正要去瑪雅溶洞潛水。」

整車只有我一個人是清醒的，彷彿在看一場置身事外的電影。難掩興奮之情，傳了一封訊息給遠方的他——

「洞穴潛水？」

「好像很漂亮，但是那很危險。」

「你已經準備好嗎？」

「可以打給你嗎？」

十三個小時的時差。我的日出他的日落。

也曾經覺得他像家。從美國到日本，再到臺灣，某種程度上我們一樣流著渴望遠走高飛的血液，但不同的是，只有我一個人在流浪。我們都熱愛潛水，熱愛共享的時光，卻失敗於一起生活這件小事。在我離開很遠很遠以後，他希望我回家。

「訊號很差。」

抵達圖倫，和潛水教練打過招呼後，吉普車開進叢林裡。

「聽著，關於在洞穴裡……」

收到一封未完成句子的訊息，再次失去訊號。

也曾經深信他是我的靈魂伴侶，因為我們最愛的電影都在一九九四年產出。是啊，後來才發現，這是什麼荒謬的判斷法？原來我迷戀的是他身上那分我所欠缺的特質：穩定、踏實。離家數萬里，從一個國家搬到另一個，他還帶著十年前大學時期用的鍋子；而我則是一路走一路丟，出發時買的三件背心，回來卻一件不剩。我的生活消耗在遺失與遺忘之間，而他始終如一，像一座不凍港、像一座山。

洞穴潛水是一項極具危險性的運動，因為在水裡、在黑暗裡，且無法隨時上岸呼吸。若發生意外，幾乎死路一條。瑪雅溶洞是半開放洞穴，在專業教練帶領下，潛水員需要進階潛水證照才可參與。車上的四個團員用英文、西班牙文、法文互相溝通，甚至有一位來自哥倫比亞的男孩在北京念書，一邊上裝備一邊用生硬的北京腔和我對談。教練是一位義大利人，十年前來到圖倫便沒有離開過。沿路他訴說著曾想經過洞穴穿進海裡的冒險故事、說著當年這裡只是一個小漁村。直到商人帶著大把金錢進駐，蓋起了一片觀光產業。他說那些人不在乎文化、不在乎風俗民情，他們穿著西裝、帶著合約來開會，討論年度財務報表，然後離開。

「至少，鎮上還有幾家很棒很道地的餐廳。」他說回到市區再帶我們去逛逛。

離鄉背井十年，想家嗎？忘記是誰提出了這個問題。

「如果妳問我想念義大利嗎？是的，有時候會。」

「但是想家嗎？說真的，家在哪？」

「離開是會習慣的，時間久了，陌生的會變成熟悉的，曾經熟悉的會變成陌生的。漸漸新的變成舊的，舊的變成模糊不清的，有一天你會發現那回首的思念不再有標的了，心頭縈繞的只是一段又一段的記憶與事件。」

第一支氣瓶，我們進入深達一百公尺，看不見底的溶洞 The Pit。當然，我們會漂浮在約三十公尺的深度，教練交代千萬要跟他保持在同一水平。Pit 即是坑、洞的意思，下潛速度很快，其他團員都是潛過上百隻氣瓶、潛水資歷數十年的老手，相比起來我簡直是小寶寶。寶寶在越來越暗的洞穴裡有點緊張，一時找不到手電筒，幾乎分不清是光線漸弱，還是面鏡已經霧到看不清前方。我慌張地在左右側尋找光源，教練熟練地來到身旁，一把抓起在我身體正前側的手電筒，這下我才穩定了呼吸。

確認大家都準備好了，我們開始向下探索。以往我只有在開放海域潛水的經驗，在無限大的空間裡，與海洋豐富的生命共游其中。洞穴則是完完全全相反。因為缺少光線，鮮少生物在此生活，水裡只有自己，和自己吐出的氣泡。很安靜，像宇宙，安靜到我快要爆炸。

回到五米安全停留的時候，彷彿精疲力盡到失去保持中性浮力的能力，在水中上下游移。

上岸後果然被唸了一頓。休息時人手一瓶礦泉水，簡單吃著餅乾充飢，為下一潛做準備。教練興致勃勃地說，團員們能力都很好，下一支氣瓶可以去難度較高的洞穴。我嚇瘋了，剛剛我不是才差點失去控制嗎？

「我們投票吧，只要有一個人不想去 Calavera，我們就去簡單的 Car Wash。」

德國人說：「去有挑戰性的吧！」

法國人說：「我都可以，完全沒意見。」

哥倫比亞人說：「Calavera 聽起來很棒！」

我決定不畏眾議，不在乎大家的眼光，傾聽自己心裡真正的聲音：「我選擇 Car Wash！」

「好的。為什麼？」教練問。

「因為我怕黑，怕幽閉狹窄的地方，我不太會踢蛙腳，我就是，害怕！」大聲坦承自己的恐懼，感覺蠻好的。

教練沉默不語，隨即對我說：「沒什麼好怕的，妳跟在我後面，好嗎？」

「嗯，好。」某種程度上我也是個很容易被說服的人。

「Calavera 洞裡的地形複雜，我們可以在裡面鑽來鑽去，從封閉洞穴到開放式。有些通道比較窄，要小心，畢竟溶洞裡揚起的沙，非常非常久才會沉下去。總而言之，會非常好玩的！」

Calavera 在西班牙文裡，是骷髏的意思。我不覺得一個與死亡如此息息相關的地方聽起來有什麼好玩。教練毫不費力地說服我之後，露出雀躍的表情。但身為教練，對於去了無數次的地方，還能散發出由衷期待的熱情，我也感到很幸運能跟他一起。

「我們必須跳下去。」

好一個驚喜，洞口一旁蓋給潛水者的木頭階梯已經腐朽，加上我們一身沉重的裝備，走起來非常危險，所以我們得從地面上約三公尺的高度，跳進水裡。我跳過水，也曾經穿著潛水裝備從船上背滾式下水，但從來沒有自這麼高的地方騰空入水過。

很多人以為我很勇敢，事實上我膽小得要命，日常生活都讓我感到害怕，對我而言，獨自旅行到遙遠的國家、或者去洞穴潛水，和走到樓下的便利商店買一杯咖啡所經歷的困難是一樣的，我只是擅長假裝若無其事。

因為害怕不是停下腳步的理由，於是一次又一次，我選擇直視恐懼的眼睛。就像此刻，右手壓著面鏡，右腳往前一踩，噗通一聲跳進水裡。

再次回到地面，背著沉重的氣瓶裝備踏在珊瑚礁岩地形上，步步艱辛地走著。天空下起了一場無所謂的雨，反正從頭髮到腳趾早就溼透了。

「我明天就要離開了。」

「回家嗎？」

「去北京。」

「啊，當然。」

那位哥倫比亞的男孩繼續用北京腔的中文跟我講話。我請他有機會一定要來臺灣潛水，互換了聯絡方式，卻再也沒有聯絡過。原地解散。幾天後德國女孩會回到波哥大，來自法國的男孩要去美國，哥倫比亞男孩要返回北京念書，來自義大利的潛水教練繼續在墨西哥過生活，而我則是在兩天後，從坎昆搭上飛往哥斯大黎加的飛機。

家在哪？

對於這一車的人來說，恐怕都不是一個好回答的問題。

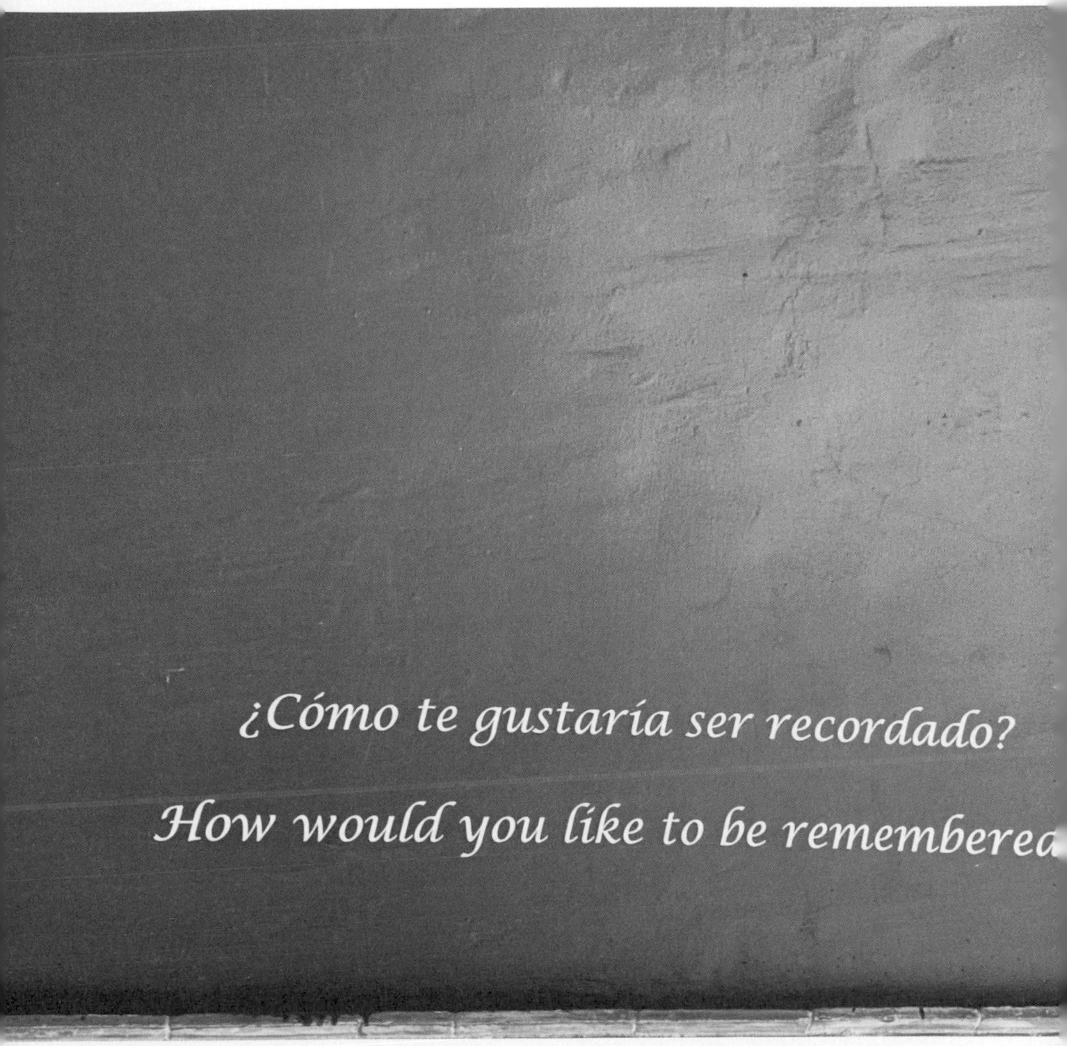
¿Cómo te gustaría ser recordado?
How would you like to be remembered

C H A P T E R
S I X
第六章

薄荷草

我擁有的第一盆植物寶貝是喜歡的人送的。

不確定我寶貝的是那盆褐斑伽藍，還是那個人。

他離開之後，植物也死了。追根究底，是我將他放在沒有陽光的地方，又澆了太多水。從搜集的資料裡看來，是淹死的。怎麼一盆植物會被淹死了呢？水是灌溉的愛啊。我氣急敗壞，就像在所有的感情裡一樣，缺乏深思熟慮的能力。還可以重來吧？我在深夜跑去樓下鄰居的花圃裡偷土。太過慌張的換土過程中，我的多肉植物身首異處，我粗魯的雙手不小心將葉片拔起，軀幹與根部徹底分離。最後一絲的希望像斷了線的風箏，徒留無能為力。很多年過去了，每當想起，心裡仍背著歉疚。

我嚮往綠意盎然的陽臺，在搬了新家之後買了一盆薄荷葉。薄荷又被稱為銀丹草，很美的名字，我鍾愛香草類植物散發出來的天然香氣，但之所以選擇薄荷，主要還是因為聽說他很好養，只要好好澆水，很適合像我這種不想再面對生離死別的人。

有薄荷陪伴的日子大致美好，不論喜怒哀樂他都在，在客廳的白色桌子上，方形的木桌搭配薄荷的嫩綠色看起來特別清新。我想他在那可以透過落地窗吸收到剛剛好的陽光，生長得茂盛而美麗，我替他取名為Bobo。

有一次，我離開家兩天，再次打開公寓大門時，一切如常，卻驚見Bobo像消風的氣球般，每根枝枒都垂躺在盆栽邊緣，仍盎著柔軟的綠意，卻奄奄一息。我被眼前的這一幕嚇壞了，趕緊放下手邊的行李與雜物，替他澆上滿盆的水。

聽說特別好喝的牛奶來自過好日子的母牛，除了吃鮮嫩的牧草，還要給他們全身按摩、擠牛奶時更要播放古典樂來舒緩心情。我也聽說過植物是有靈性的，不只會吸收環境中的日月精華，養在家裡也很需要主人的注意力才能長得好。甚至有實驗將兩片白土司放在密閉的夾鏈袋裡，每天對其中一片說好話、誇獎、表示關心與愛；而對照組則相反。兩週後，每天接收負能量的吐司，幾乎整片都布滿了黑霉，反觀一直被誇獎的吐司，只長出了幾個小黑點。有人稱這是偽科學實驗，並不能夠證明什麼，但想到這，我便更加篤定Bobo是因孤單而枯萎的。

為了彌補，我將他移到客廳正中間，一邊歌唱一邊手舞足蹈地繞著Bobo，跳起了加油打氣舞。猶如祈雨般，虔誠地祈禱他恢復活力。果不其然，短短幾個小時之後，Bobo已經重新抬頭挺胸，在客廳伸伸懶腰，打打哈欠，整間房裡充滿了清新的薄荷香氣。雖然理性來說，他只不過是口渴了，澆透的水像天降甘霖，主莖內的維管束迅速吸收後，就如輪胎打滿了氣，讓整株植栽站得直挺挺的。但我仍相信我的舞蹈起了作用，往後的每一天我都盡量跟他講話：「早安！你今天好漂亮！」

在日復一日認真的照料之下，Bobo長成了我見過最美的薄荷盆栽，高度勻稱，葉片飽滿嫩綠，絲毫沒有一點點泛黃的跡象。若世界上有幸福盆栽比賽，

Bobo 的神清氣爽與集一身的三千寵愛，絕對讓他輕鬆奪冠。

只可惜好景不常，成為一位旅行作家，宿命就是常常不在家。

慣性又不規律的離開，也像一把利刃般斬斷過許許多多的羈絆。難以與人建立長久的關係、無法養寵物、無法每個禮拜去上瑜伽課、無法加入付月費的健身房會員，因為有一半時間我在地球的另一端。而每趟來來回回之間，總是有什麼在不知不覺間改變了：例如樓下開了新的咖啡廳、例如老朋友結婚了、我不再想跟同一個人約會了、又要搬家了、或者是媽媽突然把家裡的狗送人了……各種難以預期的未知，只不過是我的日常。

大學時遇過一個控制狂男友，他不高興我回老家一個禮拜，更不能接受我獨自旅行的計畫。與他交手後，便在心裡默默定案了：他是個瘋子，而我，絕對不要為任何人停留。出發去泰國探訪亞洲象保育園區之前，特地交代室友每天幫 Bobo 澆水。但室友完全不放在心上，短短十天，再次見到 Bobo，他在陽臺上晒成乾黃的枯葉。每一條莖都像風乾的屍體那樣，死透了。

又一次，將盆栽與土，與一部分的我，丟進垃圾桶裡。

我開始羨慕電影裡的里昂與他的盆栽。那盆健康漂亮的 Aglaonema，虎紋粗肋草，也有人稱為萬年青。這種植物能生長在陰暗的地方，葉片有淨化空氣的能力，喜歡恆溫環境。沉默寡言的里昂不論每天遇到什麼事，都細心照顧著他的盆栽：將他移到陽臺晒晒太陽、灑水擦拭葉片，溫暖細膩的神情與平常身為職業殺手的冷酷形成強烈對比。

「他是我最要好的朋友，他永遠都快樂，從不發問，而且他很像我，你看看，他沒有根。」

他的嘴角揚起一絲笑意。即使沒有根，我仍羨慕里昂可以到哪都帶著他的盆栽，我羨慕瑪蒂達也總是將他擁在懷中保護著，我羨慕那分象徵性的、專注的愛。

不確定時間過了多久，我又搬到了城市的另一邊。陽臺外有鐵窗，鄰居的植栽給了我鼓勵與靈感，再試一次吧。從花市買回來兩大袋植物，做為新家的綠化，有龜背、一串紅、四色葉、黃金葛、天竺葵，種類繁多，然而當然也少不了，一盆薄荷草。

在陽臺喝咖啡，替他們澆水，成了每天早晨的例行公事。半年後，當初生氣勃勃的植栽們還是成了殘兵敗將，花謝了、梗枯了。那盆薄荷生長得茂盛，卻疑似晒了太多陽光，或者莖長了太長而日漸發黃，不論我如何澆水、改變日照的位置，好像都沒有幫助。眼看著盆內的泛黃枯枝越來越多，我的心一沉，難道再一次的嘗試，只為了再一次失敗嗎？這次我決定做出不同的選擇。

我開始仔細閱讀薄荷草的照料之道。書本裡說：「剪去乾枯的枝葉，才能迎來嶄新的茂盛。」在那之前從來沒想像過動手裁剪植物，因為我害怕剪斷了枝枒便會永遠失去他。於是我提心吊膽地，喀喳、喀喳，磨刀霍霍，揮舞著剪刀，將薄荷盆裡看起來精神不濟的莖都剪掉，他像剛從髮廊出來一樣，換了新髮型，也彷彿了換了新的生命。接下來幾天，薄荷漸漸長出新的、嫩綠的小葉子，彷彿沒有了枯枝的拖累，更有力量從匍匐莖中生發出新的芽。嫩芽綻放著薄荷香，展示著強韌的生命力，好似在對我說：「別害怕嘗試，別害怕失去。」他給了我啟發與希望，我開始幫其他盆栽換土、移盆、施肥，兩週後，陽臺的景色煥然一新，已經凋謝的一串紅長出新的葉子，天竺葵也因為換了土而變得更加綠油健壯。

里昂最後對瑪蒂達說：「你讓我嘗到了生活的滋味。我想要快樂。睡在床上，有自己的根。你永遠不會再孤單一個人。」

我看著陽臺的植物，他們也看著我。雖然不是一帆風順，但終於感覺自己有能力照顧他們了。這次，我不再將離開視為宿命，我會留下來，用不疾不徐的愛，經過一頁又一頁的時光。我對他們說——

「I think we'll be okay here.」

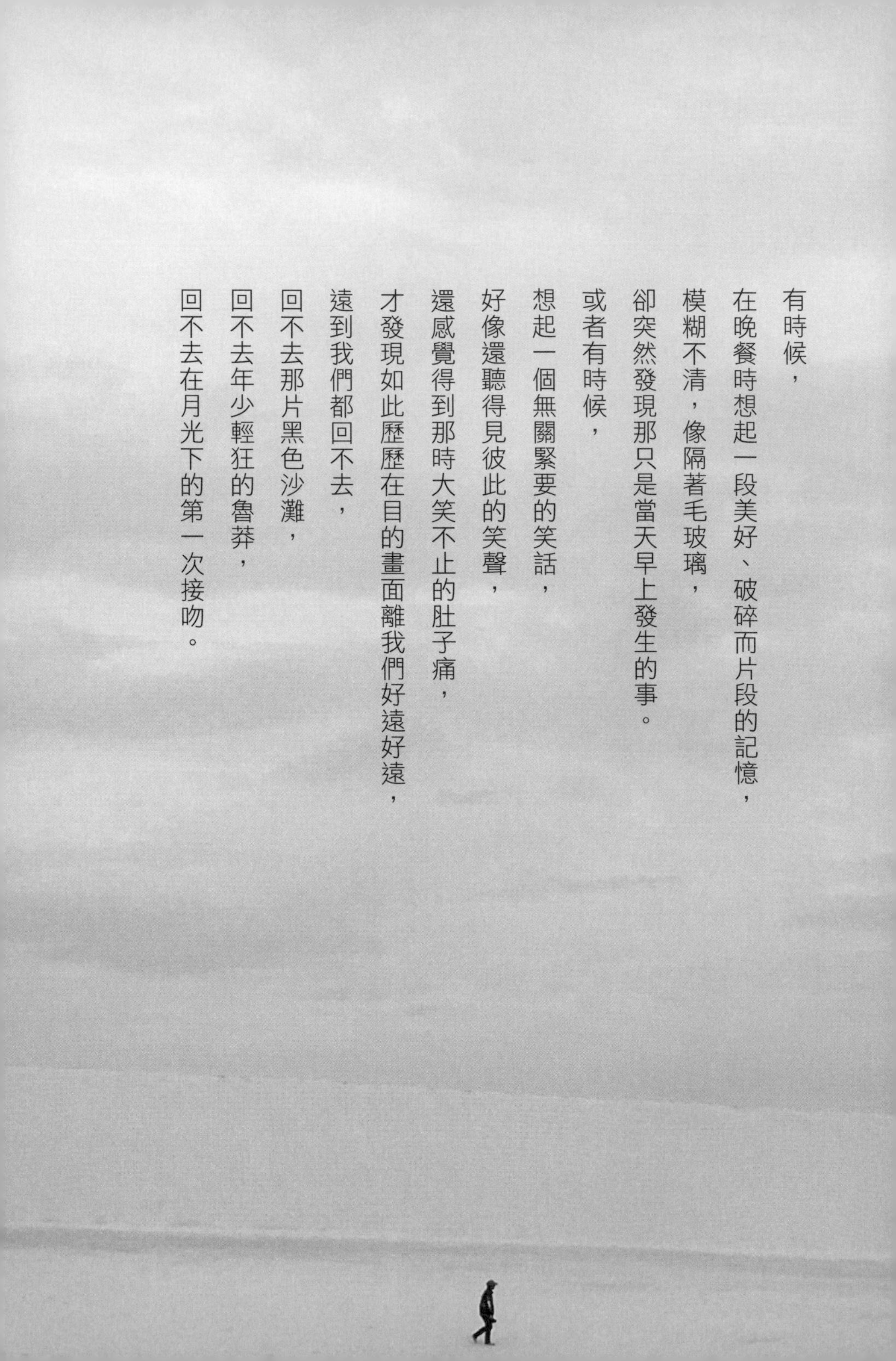

有時候，

在晚餐時想起一段美好、破碎而片段的記憶，

模糊不清，像隔著毛玻璃，

卻突然發現那只是當天早上發生的事。

或者有時候，

想起一個無關緊要的笑話，

好像還聽得見彼此的笑聲，

還感覺得到那時大笑不止的肚子痛，

才發現如此歷歷在目的畫面離我們好遠好遠，

遠到我們都回不去，

回不去那片黑色沙灘，

回不去年少輕狂的魯莽，

回不去在月光下的第一次接吻。

有時候渴望自己做了不一樣的選擇，
倒不是後悔，
只是想看看另一條路會帶我們去到哪。
但這樣的想法是沒有用的，
所有事件在發生的當下就已經結束了，
而時間在前往的途中就已經逝去了，
想著想著，覺得有點想哭。

CHAPTER SEVEN

第七章

我所眷戀的北歐森林

那年夏天，我與北極長征的夥伴們一同前往瑞典參加 Classic：一場位於瑞典北部拉普蘭（Lapland）山區，全長一百一十公里的健行者盛會，從 Nikkaluokta 一路向北到 Abisko。

起初我並沒有決定參與，因為我的行程在中南歐，不確定是否應該在中間穿插到遙遠的北方。傑瑞花了整個禮拜試圖說服我前往，我是受到大自然吸引的，加上北極夥伴們會從世界各地前來聚在一起，可能是非常難得的機會，但當下身旁並沒有健行所需的裝備，讓我仍然很猶豫。

「妳還缺了什麼是無法解決的呢？」他說。

是什麼在阻止我加入這場冒險？時間、裝備、交通，都是可以解決的事情。真正關鍵的是我到底想不想要前往呢？我害怕困難嗎？又經過了幾週的思考，我與德國女孩萊拉決定共用一頂雙人帳，在最後一刻安排好交通與住宿，在有限的時間與預算裡備齊了基本裝備，決定上路。

抵達斯德哥爾摩（Stockholm），在攝氏十五度陽光裡顫抖，對於即將搭上火車前往更寒冷的北方山區感到不安。夥伴們興奮的集合，火車之旅不如預期中順遂，開往 Kiruna 的最後一班車，途中故障了三次，最後一次列車長廣播宣告，車子無法繼續前往了，我們必須下車等待接駁巴士。灰濛濛的天空下著雨，體感溫度接近零度，在車站旁的速食店買了漢堡充飢，等了一個多小時，才知道巴士要到午夜才會來，對於隔天清晨六點要起床準備健行的我們，太晚抵達營地休息是天打雷劈的惡耗。

幸運的是雨停了，戴上頭燈，在黑暗中紮營、盥洗，為隔日啟程做準備。

這趟健行最高點約大約一千二百公尺，做好保暖，應該沒有太大問題。坐在 Kiruna 前往起點 Nikkaluokta 的巴士上，想著為什麼會在這裡？我們八個人一起出發，從森林小徑開始，手機沒有訊號，我仍想著：為什麼在這裡？不是自我懷疑，只是思索著世界這麼大，我們卻只有一個身體，即使可以自由地隨處移動，卻分身乏術。時間是有限的，每一刻都無法重來，因此每個選擇都很重要，一個人的選擇顯示出他的優先權。一如當可以同時選擇慵懶地躺在義大利海灘上，為什麼我會決定來到瑞典山區，背著十五公斤的負重面對風吹日晒雨淋呢？

思緒如老鷹般盤旋，越飛越遠，想著此時此刻，好多事情正在發生，有人正在戀愛，有人在睡眠中，有人在哭泣，有人在看電視，有人在前往辦公室的途中，有新生命降臨，也有人正在死去。環顧四周，健行者們想著什麼呢？你聽過記憶提取嗎？我們所經歷過、聽過或學過的事會被存進記憶庫，有些在淺層，有些在深層，記憶會被類似、或是有關聯性的事件觸發，也就是說，當我們看著同一片森林，事實上並不是同一片森林。因為森林的意義，對你和我並不一樣，有不同經驗為基底，讓人們即使身處在同一個空間裡，也很難有完全相同的感受。

很有趣吧？人們是如此靠近卻又如此遙遠，肩並肩走在同樣的風景裡，卻又各自擁有獨立而隔離的心理世界，正如狐狸所說：「真正重要的東西，是眼睛看不見的。」

天氣預報這幾天都會下雨，何其幸運在上半天的烏雲過後擁有陽光普照。時晴時雨，夥伴們走走停停，一時穿上雨衣，過不久又因為雨停後太熱而必須脫下來。當雨滴與陽光同時出現，就是尋找彩虹的時候，才發現抬起頭彩虹就在眼前，就在雨中，從隱隱約約的半透明隨著光閃耀出清晰可見的七彩，我將這一刻湧上心頭的感受，稱之為幸福。

來自英國的丹妮和男友尼克有些疲累，這是他們第一次健行。她說：「雖然沒走過長途健行，但能夠完成北極長征，我想也能完成 Classic。」

從早上九點出發，除了午餐時間之外，都在一步一步向前行進，西邊的斜陽將大地染成金黃色，臺灣的山林密集而陡峭，而拉普蘭的高緯度原野，是另一種寬廣而壯闊的視野。下午七點，走在最後面的尼克臉色發白，我們都很關心他的狀況，又走走停停了幾公里後，丹妮哭了。「我以為我們可以一起完成這項挑戰，實際上卻比想像中還要困難。」她的眼淚掉在滿地的石頭上，覺得自己沒有做好準備，不自量力讓男友前來受苦。路卡爾是來自瑞典的戶外好手，在路上與我們結伴而行，一面安撫著丹妮的情緒，一面設法幫助尼克。距離第一天的營地還有兩公里，預計再一個小時，大夥討論著是否繼續走到營地，或是就地紮營？我深深體會到，即使路線本身不困難，重裝上陣也會讓郊遊路線變成一項挑戰。

留下來還是繼續走？走到營地是最佳選項，否則隔天會需要走更長的距離而變得更困難，同時若丹妮與尼克需要醫療或決定撤退，在營地也比較方便尋求幫助。我很擔心尼克的狀況，大夥表示可以分擔他的背包重量，尼克仍然是發白著臉拒絕。

「男人的自尊心啊……」路卡爾聳聳肩，轉過頭喃喃地說。北歐的夏天，白晝特別長，到晚上十點才漸漸開始天黑，一旁溪流聲滾滾，起風了，丹妮的眼淚停不下來，尼克疲憊的身軀看起來搖搖欲墜，留下來還是繼續走？夥伴們面面相覷，時間彷彿靜止在此刻。

「早安！」清晨六點半珍妮佛爽朗的聲音從帳篷外傳來。

天色微亮之際，我們已經收拾好了裝備，準備繼續開始一天的徒步。丹妮和尼克在前一天太陽下山之前順利抵達營地，最後請了一臺直升機載他們回到最近的小鎮。宣布放棄不是一件容易的事，決定到此為止，是承認並且面對自己的能力還不足完成眼前的挑戰，不管追根究底是心智或體力需要更多訓練，我想這種為自己做決策的態度是很負責的，雖敗猶榮。

來自瑞典的女孩珍妮佛加入我們的行伍，每天平均要走二十五公里的距離，每個人的腳程不一，有時候會和夥伴們走在一起，有時候遇到一些新朋友，有時候只剩下自己。沿途景色總是廣闊，看不見盡頭，這是我第一次走一趟不是為了登頂的健行，以往總是充滿目的性：玉山主峰、雪山主峰、大霸尖山、聖母峰基地營等……都有一個獎牌性的驅動力在山上等著我們，然而此趟不同，不是為了登高望遠，因為沿路上充滿起起伏伏；也不是為了收集山頭，只不過是為了親自徒步一段路，自食其力，不倚不靠，真真正正的，走入荒野。

我一個人走了好幾個小時，踩著自己的步伐，遇到了第一個難題：過不去的河流。河道約有二十公尺寬，水流不強，但布滿石頭的河床深淺不一，那天下了很多雨，不容易找到適合的石頭路線踩過去，眼看很難在保持雙腳乾燥的前提下抵達對岸。我在河邊徘徊了五到十分鐘，一邊找路徑一邊思考著是否放棄，直接踩水過去，頂多鞋子溼掉很不舒服而已。後來有一位看起來戶外經驗豐富的瑞典人出現，我們討論一下我看到的幾條潛在路線，他也思考了一會兒，幫我多丟了幾顆石頭在河中，於是終於順利破關。健行的一路上跟人生很像，總會遇到各種不同的意外、改變與困難，讓速度慢下來，甚至讓我們感到挫折、躊躇，但超越困難唯一的方法就是面對它，若就此停下來便哪裡也去不了了。

留下來生活

Stay with me

每當回想起那條河，心中就有一分堅定：我曾面對挑戰、我通過挑戰、我不斷前進。

值得安慰的是，人生也像打電動遊戲一樣，卡關了，總有一些角色會幫助你，給你一些線索；同時，過關的經驗值累積足夠了就會升等，光是這樣想，難道不覺得充滿樂趣嗎？

抵達當天營地前的最後兩公里路，雙腿開始疼痛，恥骨也因為負重而感受到沉重的壓力。臨時買的登山鞋沒有那麼合腳，走了整整快要五十公里的距離後，裝備的重要性便顯露無遺。觸碰到地面的每一步，都感覺雙腳在燃燒與尖叫，快要抵達今日的終點了，一切卻看起來如此遙不可及。

第三天，在帳篷裡醒來的第一個念頭是：我死了。

真的感覺我是死了。失去知覺的雙腳，沉重又發痛肩頸與大腦……全身都動不了，甚至張開眼皮也是一件極其需要專注才能做到的動作。今天還要再走二十五公里嗎？怎麼想都不可能，我絕對做不到。只是，也沒有時間耍賴，拖著幾乎死亡的身軀與萊拉合作收起帳篷，吃完早餐後，機械式地背起十五公斤重的背包，繼續前進。

神奇的是，身體竟然還在動。當我以為自己已經到了極限，其實還有餘力可以堅持多一點點。走著走著，漸漸不再感到如早晨時強烈的疼痛，取而代之的是被草原與湖泊包圍的柔軟與美麗。但好景不常，很快的我們走進雲霧裡，冰冷的雨批哩啪啦地下著，每個人都又溼又冷，當然，又疲倦。我們決定就地搭起帳篷，大夥們躲進去吃午餐。

「我不走了！」法蘭克不敵身體溼冷的不適與路途之遙遠，開始鬧起了脾氣。

外頭的風無情地吹，帳篷內一陣沉默。

「這是什麼爛外套，防水嗎？那為什麼我裡面的衣服都溼了！」

法蘭克突如其來的暴跳如雷讓大家無法招架，但沒有人跟他起衝突，珍妮佛理性且耐心地說：「我們不能留你一個人，也不能停止往前，今天一定要到三號營地。」班傑明試著激勵法蘭克：「營地有三溫暖！一定很舒服。」終於等到風雨減弱，我們繼續上路，踩過許多碎石坡，已經晚上六點，終於走到一段平坦的木棧道，放眼望去仍然看不到目的地，正當我們又陷入是否應該就地紮營休息的困境中，迎面而來兩位面目和藹的夫妻與他們的兩隻狗，他們說再往前走一個小時就到了。

再一個小時！這消息激起了團隊的動力，再一個小時就可以去桑拿、吃飯、睡覺。

於是士氣高昂地前行，最後花了三個小時才抵達營地。帳篷都還沒搭，我們拚命似地朝桑拿小屋飛奔而去，趕在十點關閉之前好好享受一下北歐式烤箱浴。在又溼又冷的好幾日健行之後，褪去厚重的登山鞋與一層一層保暖衣物，坐在桑拿裡真是人間天堂。只是，十幾個人不分男女，全裸待在狹小的空間裡，有些人坐著，有些人站著，我盡量表現得跟所有人一樣怡然自得，把尷尬與新奇都藏在心裡。

走到最後一天，我們都成了傷兵，腳痛，膝蓋痛，背痛，肩膀痛，沒有一個人不是背負著疼痛，然而，也沒有任何人抱怨，反而互相關心、鼓勵，直到最後一哩路之前，大家都知道最辛苦的已經過去了，終點就在前方等著自己，因此放鬆了心情與腳步。我們脫下鞋襪坐在溪邊，擁抱幾日以來第一次燦爛露臉的陽光，萊拉拿出兩罐啤酒說：「我一直在等適合的時候。」就是現在吧，健行者們，離家幾百到幾萬公里遠，齊聚在這片土地上，徒步走過了草原、山丘、石瀑與森林，在這一刻，我們擁有了千斤萬兩都買不到的富足。

終於到達Abisko，睽違好幾天終於看見一座小鎮，回到文明社會裡。簡直像一場夢，我經過熱鬧的人群，咖啡與烤香腸商店，一切都好陌生，好值得感激。放下背包，我換上夾腳拖，雙腿已經傷痕累累，膝蓋疼痛到幾乎無法走路，心卻是前所未有的滿足與輕鬆。那天晚上，酒吧裡聚集著一群一群終於洗了澡，煥然一新的健行者們，以酒精、音樂和舞蹈來歡慶，一百一十公里的路途，完成了。我跟著現場表演的樂團大聲唱歌，仍然不知道為什麼當時可以選擇在任何地方發呆度假的我，會心一横向北飛來，苦行般地虐待自己；我不知道做了其他選擇會有什麼結果，但我知道，往後的日子裡，我將永遠眷戀著這片在回憶裡令人又哭又笑、又疼痛又美好的北歐森林。

CHAPTER EIGHT 第八章

從來不知怎麼老去

那時的住所位於臺北市中心，室友留著黑色捲髮，比我大十歲，我們的共通點是，擁有至少兩個不同人格。她每天在客廳木桌旁磨咖啡豆，有時候煮麵，有時候抱怨我的情緒起伏把整個公寓染成太強烈的橘紅色，害她磁場發炎。有時候我們會一起看著張國榮的音樂錄影帶哭，有時候她只是靜靜看著剛從一場社交活動搭計程車回來的我，站在門口沒來由地淚如雨下。有時候我們討論政治，有時候是童年創傷，還有宇宙。有一次她望著我掛在玄關那幅巨大的、深海色的世界地圖。

「是什麼力量帶妳走了這麼遠？」

上頭布滿各個顏色的圖釘，標記著她那位時常不在家的年輕室友曾探訪之處。

「一定有什麼特別的原因吧？讓妳一直在旅行。」你不害怕嗎？到底為什麼？她追問。

「我不太確定該怎麼形容那種烈焰般的情感，有一把火在我心中燒，燒得我只想狂奔，只想狂喜狂悲，想要毫無保留地在這個世界上打滾，明明知道會受傷。就像在點餐時跟老闆說，請給我大辣！他說大辣很辣喔。我堅持要自己試試看才知道，然後辣到鼻涕與眼淚直流，心中卻覺得很快樂。這樣算不算有點神經病呢？」

語畢，我突然感到疼痛。

也許一直在驅使我前進的力量，叫做悲傷。

因為悲傷的緣故，總感覺每一件事都太沉重，所有的回憶都裹著一層隱隱的疼痛。二十歲出頭不敢想像三十歲的人生，畢竟困難已經夠多了。為什麼我擁有著一切卻如此無法安穩地站在地面上？如果衣食無缺的我每天都在哭，那麼世間仍在貧窮與飢餓中掙扎的人們，如何一肩背起那名叫生活的灰色行囊，每天有勇氣張開眼睛面對這個世界？每當想到這，便哭得更傷心了。

因為悲傷的緣故，我的時間軸只有現在，沒有過去，也沒有未來。所以不停往前走，不停地抵達與離開，為了要去哪呢？誰在乎啊。若找到終點時，自然就會知道了吧。

就這樣走著，帶著一顆亂糟糟的心，流浪到了哥斯大黎加，從首都聖荷西（San José）沿著山路往加勒比海的方向，搭了四個小時的車之後再搭半個小時的船，走水路經過熱帶叢林來到一座狹長的島：托爾圖格羅國家公園（Tortuguero National Park）。

島上的日子大致閒散，這一片綿延的海岸線是海龜的故鄉，每年會有上百隻綠蠵龜上岸產卵。早年以漁業為生的村民會獵捕這些動輒一、兩公尺大的成年海龜。直到一九五〇年代，一位研究海龜的美國生物學家來到此地，致力於保護當地生態，說服政府成立國家公園，現在托爾圖格羅已經是舉世聞名的海龜之家，世界上第一個海龜保育中心也在此成立。每年的產卵與孵化季節都吸引了大批觀光客，在當地導遊嚴格的管控下，親眼一睹生命的奧妙。

我也是為了海龜而來，雖然到了孵化季節的尾聲，但海灘不再有管制。當地人說在天色微亮之際，去沙灘散步吧，幸運的話可以看到小海龜正努力爬向大海。他們是這麼脆弱，大概只有千分之一的機率可以平安長大。我與來自智利的旅伴，就這樣過了幾個早上四點起床的日子，偶爾可以看到已經被鳥或其他動物吃掉的海龜寶寶，徒留孤零零的一片龜殼在沙灘上。

「這個世界對牠們來講實在太危險。」

「如果真的看到一隻寶寶，我發誓會保護他走進海裡。」

我也在那裡成為一位媽媽，領養了一隻在二〇一八年初次回到托爾圖格羅產卵的海龜，替她取了名字叫做Mico，大概是Mika和Costa Rica的合體。我沒見過她，可能也沒機會能夠真的見上一面，只有每年會收到電子報通知，是否在今年的海灘上見到她回來生寶寶。我想這也是一種愛的方式，遠遠的，默默的，希望她有一個健康安全的環境可以悠遊。

STC
MUSEO
MUSEUM
SIGUE LAS
TORTUGAS
FOLLOW THE
TURTLES

一直到離開島上的前一天，仍然沒有幸運地在沙灘上遇到海龜，沒有其他計畫，索性躺在沙灘上看雲，看著看著，竟感覺天空像海，我們是躺在海底的兩隻海星，噗嚕噗嚕，吐著空氣泡泡；看著看著，感覺天空像一塊畫布，微風是上帝的水彩筆，祂哼著歌，輕輕將藍色與白色層層相疊。

可不是嗎？人們太常瞻前顧後，卻忘了抬頭看看，世界多寬廣。

喔，或者是，低頭看看。

「小心！」旅伴拉著我的手臂。

回旅館的路上，介於沙灘和村莊之間有一片草地，看似寧靜，實際上，有一群小小生命正在辛勤忙碌地工作。他們是切葉蟻，中美洲特有種。其最大特色是會用鋒利的牙齒把葉子切成小片，搬回巢穴裡培養真菌食用。為了保持真菌花園的品質，有時可以看到小隻螞蟻在搬運中的葉片上，跑來跑去在做清潔。他們體型雖小，卻是世界上除了人類之外，擁有最複雜社會體系的生物。

這群切葉蟻的工作道路，經過了一段人類會走的路徑，因此那片土壤上的傷亡慘重，不少被踩扁的螞蟻。我們突發奇想，用椰子殼與落葉，幫他們蓋一條高速公路，希望經過的人們小心腳步，減少意外事故。

解決了螞蟻事件，原本決定往村莊的北方走，找一間餐廳吃午餐，結果兩人卻坐在碼頭邊喝冰椰子水。

「船長推薦的，喝椰子水一定要找只賣一塊美金的那攤！他的椰子最甜又最便宜。」旅伴很驕傲她找到了島上最好的椰子。

大叔的椰子攤，不過是一個保冰盒和一把鐮刀組成。我們捧著椰子，坐在對面的彩繪石椅上，觀察著人來人往。潮溼的熱帶空氣敷在皮膚上，與經過喉嚨往下流的一股沁涼形成對比。村莊唯一的幾條路是用水泥鋪成的，路旁時而有餐廳與觀光的立牌，時而有狗懶洋洋地躺著。幾位赤著腳的小孩走過來，買了兩顆椰子與彼此分享。沒有客人的時候，大叔愜意地望著遠方，或者切一顆椰子給自己解渴，有時向腳踏車經過的鄰居打招呼，隨意聊天。他在這賣椰子多久了呢？看著很多村裡的孩子長大吧？每天做一樣的事會無聊嗎？我坐在他的對面，與他一同靜止在時空裡接受周圍的人來人往，物換星移，突然發現，正在我眼前上演的這個場景，名叫「生活」。

我怎麼會大老遠跑到哥斯大黎加才發現了生活的樣子？

年少的旅人活在自己的悲傷裡，從來不知道怎麼老去，只顧著保持行囊的輕，好隨時移動到下一個地方去。跌跌撞撞繞過半個地球，不過是為了看見，所謂生活：每天同一時間出現在同一個地點的日常、每年同一個季節回到同一個海灘的循環。海龜的生活、螞蟻的生活、椰子大叔的生活……那日復一日的甜蜜，循著週期走了一圈又一圈的規律，組成了萬物的潮起潮落，而如此尋常的概念，卻是我的新大陸。

喝下最後一口冰涼椰子水，感覺到心裡那把烈火被揉成了一道溫柔的光。

我的時光小船終於不再是洪水猛獸，它曾經在驚濤駭浪裡找不到方向，然而我說過吧，找到的時候，就會知道了。在離開托爾圖格羅的前一天，一個平凡的午後，小船進入一條平靜河道，順水而下。

再回到臺北那間公寓時，我已經有了答案。

帶我走了這麼遠的力量，是為了尋找，為了在世界某個不經意的角落，撿回一片自己。

CHAPTER
NINE
第九章

魔幻時刻

我喜歡獨處的時光，把自己變得透明，融化在環境裡。

我會閉上眼睛，然後緩慢地張開，把焦距放到視線所及的最遠處，再慢慢，一層一層收回來。這樣的過程有如冥想，令我心靜如水，將周遭好好感受過一遍，當注意力再次回到自己的時候，感覺輕飄飄的。我會看見每棵樹、每個路人都如此立體，並且充滿了生命力。每個動作都如此獨一無二：一位老先生騎著單車經過；一對年輕夫妻推著嬰兒車，在公園中間停下腳步，拿出手機拍了張照；一隻狗在草地上打滾；一對情侶並肩坐著笑著；連一陣風，都像精心設計過地、那麼剛好地吹撫過肌膚，那一瞬間，我真的願意化做漫天沙塵，隨風旅行。

怎麼會有人，認為倒茶只是倒茶，搭車只是搭車，吃一包彩虹糖就只是吃一包彩虹糖這麼簡單呢？明明每一件事情的發生都是經過無數的巧合聚集而成。如果他們發現了，每一個當下都不會再重來，會願意生活得更認真一點嗎？如果他們能夠認知到，路邊的植物都有生命，會願意在匆匆趕去開會的途中和樹木打聲招呼嗎？若他們明白此生再也遇不到同一陣風、再也看不到同一片雲，會願意為了此時此刻停下腳步，用心感受一秒鐘嗎？

在瑞士的布魯嫩（Brunnen）待了好幾天。一座鮮少外國遊客特地前來的湖畔小鎮，我們每天早晨在同一個陽臺吃早餐，日落時分在同樣的陽臺喝啤酒。走同一條路下山展開一天的行程，與同一群人共享甘苦，經過同一面湖，看同一片夕陽。工作的旅行，簡單說就是出差吧，出差與獨自流浪很不一樣，每天都很忙，鬧哄哄的，隨時隨地都有聲音在此起彼落，有些時候我也感受到被熟悉的人環繞的幸福，有時候我想念一個人安靜的時光。夏天的瑞士，太陽十點才下山，那天收工後我一個人去散步，沿著湖旁的山丘上，看到森林裡的一條小徑，不知道往哪裡去，我就沿著走，沿著琉森湖（Lake Lucerne）。踩著落葉轉了好幾個彎，走到懸崖旁，眺望著深又廣的琉森湖，我閉上雙眼，再緩緩張開，斜陽映入瞳孔，湖面撒上了一層金粉，我的皮膚消失了，我的血與肉幻化成一道光，一道光穿針引線地將湖畔的回憶織成一幅畫。記得，湖水的冷冽刺骨；記得，這裡的每一滴水都曾經是雪；記得，我們帶著曾經一絲膽怯，縱身一躍。沿著小徑，這幅畫織進了心頭，我再次回到我自己，雙腳著地。是如此這般的小時光讓靈魂感到飽滿，讓我擁有繼續走下去的力量。遠處波光粼粼，時間像鏡子碎成一片一片，被陽光融成一壺溫暖的銀色。還沒離開，已經開始想念。

生活中有許許多多稍縱即逝的魔幻時刻，發生在異鄉、也發生在廚房、發生在街角的咖啡廳、發生在偶然的聚會、發生在出其不意的角落裡。若能夠意識他的存在，便是找到了寶藏盒的鑰匙。魔幻時刻是宇宙給我們的祕密禮物，沒有什麼魔杖能夠製造，而是純粹仰賴於個人覺察。重要的是，必須要願意，願意為了真心誠意而走得緩慢；願意為了鑽入情感的更深處而將自己敲成碎片；願意為了蛻變而不斷重來。願意讓所有的經過去成就一個你，願意直視恐懼的眼睛絕不撇過頭；願意又哭又笑又跌倒再站起來繼續跳舞，願意接受所有起起伏伏就像每一次的起飛與降落。

有些久遠的人事物我已經記不得了，但那些充滿魔法的片刻卻都留了下來，那些感覺，讓好遙遠的一切都彷彿是於昨日發生一般，如此地靠近，栩栩如生，好似耳邊的鼻息，彷彿轉過身就能觸碰到。例如多年前在開羅旅館幫我開門的老伯，拿著一大串鑰匙試了又試的眉頭深鎖；例如在印尼龍目島的暴風雨前夕，那艘幾乎支離破碎的小船；例如踏出蘇黎世機場後吸進肺裡的第一口冷空氣；例如伊斯坦堡的街角；例如花蓮的滿月之夜；例如富士山的日出；例如當那個捲髮男孩對穿著碎花洋裝的女孩說：「我喜歡你。」

我是十分念舊的人，很有可能是依靠這樣的感覺才能活到現在：而且，而且，我並不害怕只有我一個人記得而已。身為時光碎片的搜集者，一路撿拾，即使不小心割破了手指而疼痛著，仍滿心感激。

留下來生活

Stay with me

CHAPTER TEN
第十章

感性理髮店

小時候的記憶裡，媽媽就常去美髮店洗頭，家裡附近，小鎮上一對年輕夫妻開的。格局方正的空間，大約有六個座位，裝潢簡約，典型的家庭式理髮店，每張可旋轉的椅子前都有一面大大的鏡子。媽媽洗頭的時候，我通常坐在一旁小凳子上等待，幼稚園的我是個怕生又害羞的小孩，不太與人講話，總是安靜地玩自己的玩具。老闆的髮型是九〇年代很時髦的麥克風捲髮造型，那時候他很年輕，頂多三十歲吧。媽媽也很年輕，穿絲質洋裝，塗鮮紅色的唇膏。

「你們家女兒真乖，不像其他小孩都會吵鬧，在這跑來跑去搞破壞。」

那天麥克風頭老闆對媽媽這樣說。我一點都沒有開心被誇獎的感覺，只是沒有想要跑來跑去，不代表我想做個乖小孩啊。奇怪的是，一顆小小的叛逆的心，彷彿在那一刻開始無意識地跳動著。

大學之後，「去外面洗頭」仍是一件奢侈的事，是偶爾回高雄時，才會跟著媽媽一起去做的親子行程。洗頭在我們家無庸置疑是一個活動。安排時間的時候媽媽會問：「要不要去游泳？帶狗狗散步？還是去洗頭？」

後來才發現媽媽的洗髮策略，因為給專業的洗，真的很乾淨，乾淨到可以好幾天不用洗。說穿了是懶人行為，但孩子都是模仿著父母的一舉一動長大的，家庭的潛移默化是不用經人同意的潘朵拉盒子，總會在生活中某一個瞬間被觸動，毫無預兆甚至不被發覺地，叮，彈指般輕輕地敲開。

我開始在準備出發去盥洗不方便的行程之前，前往美髮店報到。例如在準備前往聖母峰基地營（ＥＢＣ）的前一天，我在加德滿都憑著一串手寫的地址，拿著地圖穿過十幾個街口，只為了到一間美髮店洗頭。語言不通的我與美髮阿姨比手畫腳，終於達成協議，因為青年旅館浴室的水若有似無，忽冷忽熱，連洗澡都很困難，更別說洗頭。所以來到這裡洗掉過去一週的塵埃，準備迎接未來一週的油垢，即使要走二十個街口，對我來說實在太值得。

上山四天後抵達海拔三千四百四十公尺的南集巴札村莊（Namche Bazaar），隔天是高度適應日，因此會停留在村莊休息，是健行者們的自由放風時間，有些人很認真地去走附近的路線加強適應海拔：有些人懶洋洋坐在山屋庭院晒太陽；有些人在四處裡閒晃；而我，目標堅定，步伐筆直地前往村里鼎鼎大名的唯一一間理髮店。

眼前還有十天的路要走，在遺世的喜馬拉雅山脈村落中，躺上皮質的沖水躺椅，如此違和。但人生何謂幸福，大概就是在健行的路上又喜又苦的受寒數日後，終於擁有熱水碰到頭皮的那一刻。這間理髮店是專門為遊客開的，店裡有筆記本，讓來自世界各地的過客留下到此一遊的紀念。我找了空白頁寫下「Mika from Taiwan. It's the best hair washing experience ever.」當時是淡季，整條前往EBC路上的人比牛還少，不知道旺季時，這間店會不會人滿為患呢？又或者只有少數如我執著於這三千煩惱絲。不論這海拔三千的理髮店是誰的想法，我衷心感激。

說不清什麼時候開始「去外面洗頭」不再是一件大事，而是生活中，有時候會需要的一部分。例如有重要約會，就會去打理門面，洗頭順便做造型；或者再一次要上山之前，也會去「把頭洗乾淨」才有未來幾天不洗頭的額度。而沙龍則是求方便就好，總是非常隨性地看看Google地圖，哪間很近，哪間有開，哪間現在不用等。

我與感性理髮店，也是這樣相遇的。有一天在臺北，因為身上有傷不方便碰水，頭皮的癢若隱若現。忙著手邊的事，直到終於決定出門洗頭時，已經晚上九點，大部分的理髮店都關了。但天無絕人之路，意外找到了這間營業二十四小時的店。心裡雖諸多疑惑，還是打電話去約了十五分鐘後洗頭。騎著車來到人生地不熟的街區，感性理髮店看似有些神祕，走上公寓二樓，充滿懷疑地按下門鈴，開門的男子帶著黑色膠框眼鏡，身材精瘦，穿著青蘋果綠與粉紅色相間的花背心，一頭亂髮看起來像剛睡醒。

「呃，我剛剛有打電話來⋯⋯」話還沒說完，男子站到門邊說，進來吧。

我坐在座位上，試著從打結的長髮上拿下髮圈。

「我幫妳。」他接手拆髮圈的工作。這位中年男子應該是老闆。短褲上沒有花，但顏色看起來跟花背心是一套的。這時老闆娘面無表情地走出來。

「她幫妳。」上工三十秒後便交手給老闆娘。

「後面洗。」我走去洗頭椅的路途中，竟然經過一個廚房，廚房的牆是綠色的，一旁有張小桌子，上面擺著還沒收的晚餐。只有一張洗頭椅，老闆在一旁的桌子上用筆記型電腦DJ著節奏感前衛的電子音樂。我的心裡仍然充滿疑惑，老闆娘在我的頭上使勁地搓著，感覺泡泡已經很綿密。這時音樂過場節拍加快並且變得複雜，同時老闆娘手勢一變，十指來到我的前額，順勢又流暢地往脖子按去。

「啊啊啊啊。」我心頭一陣驚慌，卻又非常享受。沖第二次水的時候，突然開始感覺有些習慣了身旁詭異與不合理的存在。

「哪裡癢？」言簡意賅的老闆娘，在這之中又接了幾通預約電話，從頭到尾只說：「喂？幾點？可以。」不同於一般洗頭會問：「還有哪裡會癢嗎？」所以我也決定不客氣了。

「頭頂正中間！」氣勢不能輸。

老闆嘗試不同的電子音效，桌子旁掛著藍色燈條，時鐘也是藍色投影光。

回到座位上，老闆娘用一個大烘罩罩著我烘頭髮，電子音樂仍從廚房後方傳來，烘罩在啟動後發出紅色的光。我看起來像個來參加派對的太空人，剎那間不確定，我是誰？我在哪？我在幹麼？十分鐘後烘罩停止了，這之間老闆娘已經替另一個年輕客人剪完頭髮。老闆從廚房晃出來，一邊跳著舞，一邊問我要做造型嗎？解釋完我要吹捲之後，他說：「我知道了。」然後將我的頭髮捲成一隻一隻玉米筍，再度罩上大紅色太空人般的圓球烘罩。老闆似乎很滿意自己的創作，然後晃啊晃地消失在烘髮聲伴隨著的電子節奏中。

一切都結束後，我睜大眼望著鏡子裡捲度微妙的頭髮啞口無言。對於剛剛發生的一切找不到一個解釋，此時已經晚上十點，身後還有整排等著被服務的客人，同時有人打電話來預約十二點三位洗頭。果然有人類的地方就有驚喜，我開玩笑的傳訊息跟朋友說——

「以後半夜別約唱歌了，約去洗頭吧。」

就這樣，我與美髮店的淵源從小來到現在，從高雄到加德滿都，走了很遠的路回到臺北。拜訪一座一座城市，一間一間的理髮店，也像穿梭在不同的人生故事裡，將生活剪成一格一格的畫面，有時閃著霓虹燈框，有時輕如一簾幽夢；在泡沫與吹風機中譜出一段相遇。像感性理髮店那樣的氛圍恐怕不是每個人都能接受，像花背心老闆那樣晃來晃去的活著又有何不可？某種程度上，我也是在日常中飛來飛去，晃來晃去的人啊。是那些固定在某個地方的人事物給了我綑綁回憶的地標，若不是如此我恐怕會飄散在空中，不知何去何從。於是我想念著一切，一切有跡可循的迴路。

國中搬到小鎮的另一端後，我便沒有再見過時髦的麥克風頭老闆，現在他應該已經變得很老，應該也生了幾個小孩。不曉得那間店是否還在？無論如何，希望他們都過得好。

P.T.C.
POSTO POLICIAL

CHAPTER ELEVEN
第十一章

非洲動物園

四百公里的距離，行駛在萬里無雲的晴朗裡，長路看不見盡頭。

斷了網路訊號，新手機裡沒有任何音樂，只聽著風聲與輪胎的顛簸，從約翰尼斯堡一路向北。無際的貧瘠，卻仍令我忍不住頻頻放下手中的書，凝視著窗外一片片黃土色，如膠捲般在眼前放映而過。

路旁由鐵皮搭建的社區，沒有電線經過。喜波說，那些Tin House，簡單翻譯就是鐵皮屋吧，是南非政府無法好好解決貧窮問題的象徵。「鐵皮屋族」甚至時常依附在富人區的豪宅旁邊，只要有一小塊空地，他們就可以連夜搭起一座得以遮風避雨的四方小屋，還有人專門在幫鐵皮屋族偷接富人家的電。然而若是在市區裡，通常隔天就會有拆屋大隊前來，若是在沒人管的郊區，是的，他們就會群聚成社區，這些社區時常沒有電，沒有乾淨的水，甚至不一定有窗戶，但有家庭在生活著，在不被注意到的荒土上。

這一座座方格裡住著什麼樣的生活？我不知道；一旁枯黃的草是死是活？我

不知道。只知道這路途在非洲的艷陽下，如此荒涼，如此寂寞。我想這就是所謂廣闊給人帶來的壓迫，在一片寂靜的空無中，孤獨是如此顯著，整車的人明明並肩而坐，卻又像隔著隱形的玻璃片，令人伸出手也觸碰不到彼此。

我想起卡夫卡（Franz Kafka）的文字：「儘管人群擁擠，每個人都是沉默的，孤獨的。對世界和自己的評價不能正確地交錯吻合。我們不是生活在被毀壞的世界裡，而是生活在錯亂的世界裡。我們就像被遺棄的孩子，迷失在森林。當你站在我面前，看著我時，你知道我心裡的悲傷嗎？你知道你自己心裡的悲傷嗎？」

當我們驅車進入克魯格國家公園，景色荒蕪依舊，黃土漫天，卻少了人類活動。啊，除了鋪在中間的柏油路和開車在柏油路上尋找著非洲五霸的遊客之外。有些人自駕小客車，有些人則參加專業的吉普車遊獵。遇見動物的機率都差不多，每天在營區的布告欄上也會貼上動物被目擊的地標。當然這邊的野生動物是自由活動的，沒有任何保證你能遇到誰，一切都只能依靠充裕的時間、運氣和緣分。

首先迎接我們的是一大群在休息的水牛，頭上彎曲的角，讓牠們看起來像一群梳著中分油頭在參加啟蒙運動的歐洲青年。帶著酷酷的表情嚼著草，一隻一隻倚靠彼此躺在樹下乘涼。雖然都是「水牛」，但非洲水牛與亞洲水牛的親緣甚遠，亞洲水牛是人類的好夥伴，扮演了耕田、運送的角色，然而遠離文明的非洲水牛從來沒有被人類馴化過，也沒有人類想過要馴化牠們。

我厭倦牢籠，厭倦人類的狂妄自大的將萬物納為己有。有生之前年能夠在非洲大陸聽見野性的呼喚，讓我感到寬慰，也許世間仍有自由之地。

有人語帶批判地說著：遊獵是歐洲有錢白人自以為高尚的活動，也有人說克魯格國家公園，四周仍建著圍籬，雖然豢養的範圍之地是臺灣的好幾倍大，但以狹義的道德標準來說，這裡只不過是另一個看不到界限的動物園。

一路上，我們也遇見了長頸鹿、河馬、扭角羚羊、水鹿、豪豬與野狼家族。當我們目擊象群來到水塘旁喝水，嚮導停下了車，我們就這樣保持著距離靜靜觀望，如果看到用嘴巴喝水的小象，代表牠還不到三個月大，還不知道長長的鼻子該怎麼用。

一隻小象掉進了人工水槽裡，卡得動彈不得。一旁一隻母獅子慵懶地等待著，等著將落單的小象帶回家飽餐一頓。大象是非常愛護家族的動物，象群間的連結之深，恐怕是人類難以想像的。研究指出，若小象的母親死亡，象群裡會有母象自動替代其照顧小象的位置。當卡住的小象被其他大象包圍住保護著，象媽媽用鼻子努力幫牠脫困，一次，失敗，第二次，還是失敗。我們在一旁看得著急，第三次，終於把四腳朝天的小象撈出來。

留下來生活

Stay with me

象群在夕陽中穿越馬路，走入另一端的叢林裡。

我揪著心，瞇著眼，恨不得把眼前的畫面鎖進靈魂深處。

「在非洲做自然保育人員是非常危險的工作。」喜波說。

「我在念大學的時候，有一次戶外實地訓練，路上有一棵倒木擋住車子的去路。」

「幾位學生下車準備要處理，突然從草叢裡跳出來好幾位持槍的盜獵者。」

「碰碰碰，很快就解決了在車外的同仁。」

「他們衝上車，挾持了我們，我跪在地上，一把槍指著我，我向神禱告……」

「我想我就要死了。」

「就在這時，他們放下槍，大喊：『演練結束』。」

「原來學校決定用最深刻的方式來讓我們知道，這份工作未來要面對的危險長什麼樣子。」
「果不其然，那趟旅行之後不少同學就離開了。」
「我沒有，我太愛這片土地，我知道這是我的使命。」

至今盜獵者仍然猖獗，他們砍下成年大象的臉，只為了取牠的牙；殺害犀牛，為了非法販賣牠在黑市裡值錢的角。多少無辜的動物在人類莫須有的貪婪裡失去生命，甚至失去存在於這個地球上的權利。

薄暮之中，吉普車往營地的方向前進，我已經放鬆雙眼，不再像來時緊緊地凝視遠方，深怕錯過任何一隻動物。旱季的枯木豎立在乾裂的大地，萬物都耐心等待著雨季的來臨。而我悄悄來到，也即將悄悄地離去，只是置身其中的感受太過磅礴，我在風聲中消化著一天的震撼與收穫：來到非洲，才發現猴麵包樹不是只長在B612星球，才發現非洲大陸的夕陽特別豔紅；才發現，原來斑馬的黑白條紋之間，藏著一層灰。

留下來生活

Stay with me

CHAPTER TWELVE
第十二章

這一次換我們回頭

我喜歡聽L說他旅行的故事：在伊朗問路，當地人抓著他的手跑過三個街口到正確的車站，堅持要幫他買車票，L不願意讓對方付錢，兩人差點吵了起來；或者曾經疲憊的在巴基斯坦巴士站睡著了，醒來發現切好的西瓜與瓶裝可樂放在身邊。還有無數次陌生人的幫助與溫暖，而我也是，時常被突如其來的善意感動得無地自容。

那天我們已經在山裡走得精疲力盡了，下山的路途沒有比較輕鬆，是一條綿延數十公里的碎石坡路，這些碎石不大不小，還可以正常步行，但一不小心踩偏就會狠狠扭到腳的那種。眼看天色漸漸灰暗，我們加快腳步，好不容易走到最後一個岔路，路牌上指著離終點剩下二十分鐘的距離。

「你有帶頭燈嗎？」我坐下喘喘氣，L貌似心有所慮地問。

「有啊，怎麼了？已經快到了，用不到吧。」

「剛剛路上看到的那個腳受了傷，撐著登山杖一拐一拐走著的男人。」L說，

「我擔心他沒辦法在天黑之前離開山區。這段路又陡又難走，若等到天色全暗，他這樣的狀況要下山簡直難上加難。」

「你想拿頭燈給他嗎？但他們應該有帶吧。」我說。

「不是，我在想能給他們什麼實質上的幫助，妳懂我的意思嗎？」

「嗯……」

背包越來越沉重，身體開始感到疲憊與疼痛，天色越暗越冷，回首看不到兩人的身影，是否該往回走尋找他們呢？但會不會只是我們雞婆了？我們思考著時間與體力等等各種錯綜複雜的可能。

「妳記得在臺灣搭便車的時候嗎？」L突然說到。

去年我們一起在臺灣搭便車南北大縱走。站在路口舉著牌子，好幾次遇到身旁呼嘯而過的車輛，在前方又決定迴轉來載我們一程。駕駛總笑著說，第一時間來不及反應啊。甚至還有對向車道的車特地開過來說：「我們沒有要北上，但也許可以載你們到另一個比較容易攔車的路口。」

「很多人願意幫助我們。」

「對。」

「這一次，換我們回頭。」

我輕輕點頭，垂下眼，瞬間所有疑慮都煙消雲散了，多麼溫柔而充滿力量的一句話。抵達出口後，我留在公車亭旁顧背包，L帶著手電筒快步往回走。已經晚上七點了，十分鐘前還微亮著的天空，令人措手不及地驟然進入夜色，L消失在染著墨與深藍色的森林裡。

坐立不安的等待總讓人說不清時間過了多久，終於，三盞搖搖晃晃的光亮，隱隱約約看見L背著受傷的男子，與他的女性同伴一起出現在山口。

我鬆了一口氣，心裡深深感到一股暖流。可以在能力範圍內幫助他人，是一件很美好的事。

我相信這分溫柔是會傳染的，也許對方無法回報，但因為你的好心，在世界上另一個人的心中種下一分柔軟，當發生事情時，願意回頭對另一位陌生人伸出援手。

我想起一句話說：「一個人能始終溫柔，是因為年少時遇到了善良的人。」

CHAPTER THIRTEEN

第十三章

麻油

我非常不會煮飯。

但我對此保持樂觀，天生我材必有用，本來每個人就會有不同的興趣與各式各樣不同領域的專長。料理也是講究靈感的，有天分的人能夠信手捻來搭配出一桌滿漢全席，或者神來一筆替菜餚畫龍點睛，從前置作業的備料、醃製、獨門祕方、米酒爆香、將蒜頭炒成金黃色……每一道流程都馬虎不得。最讓我佩服的是家庭主婦，她們不見得受過訓練，但總能像藝術家一樣，在腦中拼拼湊湊，將廚鏟當成魔法棒，將冰箱的食材搭配得宜地化作餐桌上一道又一道佳餚，日復一日陪伴著孩子們長大。

離開外食太過方便的臺灣，獨自搬進了澳洲西岸的 Share house 裡，二十一歲的我才開始嘗試下廚。雖說是下廚，但我的廚藝大概只能勉為其難地稱作：把食物弄熟。把便宜的牛排和青江菜放到平底鍋上加熱，直到肉的顏色從鮮紅轉至油亮的咖啡色，綠色青菜變得柔軟且冒出熱煙，撒上一些鹽巴，就算是成功完成一道簡單美味的晚餐。我也做過許多失敗的暗黑料理：味道詭異的奶茶、外觀看起來像炒飯的鬆餅、彷彿一樁悲慘命案現場的煎蛋、過辣過鹹的牛肉麵……雖說巧婦難為無米之炊，經過多次嘗試之後，我漸漸明白自己並非巧婦，再高級的食材到了我的手裡，不過是暴殄天物。

志不在此，力不從心。對料理沒天分這件事，應該是遺傳，母親也是結婚之後才開始學做菜，遵從社會給予一位妻子的期待。父親喜愛吃吳郭魚，於是媽媽開始練習煎魚。如何煎出一條漂亮的魚，是非常講求經驗與技術的，一不小心魚皮就會黏在鍋上、肉太老、或者沒有熟透。還記得小時候餐桌上的吳郭魚不時會斷頭斷尾、攔腰折斷或是皮開肉綻，也記得聽見母親與友人討論煎魚的技巧……好幾個夜晚在廚房傳來鍋鏟碰撞，搭配滋滋滋的油炸聲，經過多年練習，如今煎一尾完整的漂亮魚，皮酥肉嫩，對她而言已是隨手之舉。

媽媽的料理，是每個人記憶中的寶藏盒。家常菜的滋味是每個家庭獨一無二、絕無僅有的味道：我們嗜辣如命，餐桌上無辣不歡。辣炒高麗菜、辣椒涼拌木耳與小黃瓜、辣炒蝦仁、麻辣麵、麻辣餛飩等菜餚都是我的最愛。除此之外，終極招牌是那道，市面上找不到的濃醇香之爆炒麻油雞心。雞心又嫩又脆，搭配老薑與麻油的絕世醍醐香，不需要任何配菜，我就能配著吃三碗飯。甚至曾經半夜肚子餓，打開冰箱見到晚餐剩下的半盤麻油雞心，忍不住一口接一口，即便是冰的，味道依然誘人順口。小小的我就站在冰箱前，一面覺得自己的行為愚蠢、一面因為太好吃而感到愉悅，偷偷嚐著心頭的小確幸。

爸爸不在家之後，我們幾乎再也沒吃過吳郭魚。離家上大學後，每當回高雄，廚房仍然是家裡與我最無關的地方，大概因為小時候，媽媽自身也是廚藝見習生，並無技藝可傳授。我曾經向母親請教如何做菜，她說真的比想像中簡單，像這樣、那樣、切一切、丟到鍋子裡，就好了！

「等妳當媽媽的時候就會煮飯了。」

母親深信成為一位廚娘是一種本能，船到橋頭自然直，對於我的請益不以為意，面對毫無料理技能的女兒也沒有一絲擔憂。

於是我就這樣，帶著零分的烹飪經驗，單槍匹馬進入了紅塵滾滾的世界裡。這倒不會對生活帶來什麼影響，我不是太講究吃的人，背包旅行時的食物也大多只以果腹為目的。直到因緣際會下，在瑞士結識了當地的廚藝大師 Gaby，才讓我對料理有了另一個境界的認識。

為了當天的料理，一早跟著 Gaby 到菜園去摘採生菜、香料和草莓。她說沒有比親自收成更新鮮的蔬菜了，而原料的品質，決定料理的高度。為了這分堅持，開了二十分鐘的車只為了到當地最好的肉舖，買最好的牛肉和香腸。她細心教我們怎麼正確使用刀，如何點綴一份沙拉，一字一句都是她對料理的熱愛。這分愛，是魔法，她揮舞湯勺和調味料的姿態像迪士尼卡通，廚間的熱氣都變得亮晶晶，牛排和甜椒都在歌唱，莓果和 Mozzarella 起司搖著屁股跳進擺好的盤子裡。

我在臺北的家裡最常煮的是乾麵，有時候會加一些香菇、青菜等配料，全部丟進水滾的鍋子裡，一鍋到底，加上佐料與辣椒便可上桌。而Gaby的廚房卻像電影場景，每一道料理的步驟都是分秒必爭，紮紮實實。相較之下，我感覺自己在料理時隨性的態度是愧對了食物。

「為什麼這麼喜歡做菜呢？」我好奇看著她熟練地替甜點淋上最後提味的威士忌巧克力醬。

「料理讓我感到平靜。」她說。

「不管外面發生什麼事，只要進到廚房，想想有什麼食材，可以怎麼創作，我的心就滿足不已。」

「你心愛的事物就是你的家。」我想起有一句話說這麼說。料理之於Gaby，就像寫作之於我，是生命中的療癒與不可或缺的神聖存在。她在廚房裡閃閃發亮的身影令我留下深刻印象，親眼看見一個人對於烹飪的熱愛，也像替我打開了一扇門：原來對於一件事情的講究，就是一種藝術。我決定認真練習做菜，填補生活中那塊空白的拼圖格。因此特地買了瑞士製的廚刀和砧板，以示決心。

與文仰住在一起的日子，像餐廳有了客人；表演有了觀眾；或者實驗有了白老鼠。我開始比較常煮飯，大概一個月一、兩次，實驗性質地嘗試不同的料理。有一天興致勃勃做了超澎湃蝦仁高麗菜蛋餅，雖然沾沾自喜，心裡倒也是有譜這道料理完全端不上檯面，蝦仁和蛋都過熟，蛋與蛋餅皮完全分離，高麗菜完全像是走錯棚的角色，無辜的他坐在餐桌另一頭，勉為其難地說：「好吃。」

他表面上誇獎我煮出來的東西，基於禮貌還是會津津有味地吃完。行動上則是誠實許多，廚房是他的地盤，大部分時候由他負責安頓伙食。他知道水煮蛋要煮幾分鐘、買雞肉要去菜市場哪一攤、如何挑選花椰菜……他總說自己像「家庭主夫」。每當我心血來潮說：「今晚我來煮飯！」他會臉色一沉、深吸一口氣，凝重地問：「煮什麼？」如此小心翼翼，只因為在我們第二次約會時，我自告奮勇想秀廚藝，卻忘了人千萬別想要秀什麼自己根本沒有的東西。那天，我煮了一道完全失敗的三杯雞，從此我在廚房的地位一落千丈，且一去不復返。

我仍希望他能給我多一點空間來發揮與練習，宇宙聽到了，竟安排一場意外讓他摔斷了腳踝。開刀打上鋼板，好一陣子不方便行動，以往家裡的柴米油鹽醬醋茶都是文仰一手包辦，這下子吃飯皇帝大的任務落到了我身上。

接收到任務，才發現一切沒有想像中容易。定期去超市採購生活必需品之類的事，看似微不足道，卻也不輕鬆。醬油、沒有加碘的鹽巴、無鹽奶油、低脂鮮奶、無糖豆漿……我確認著購物清單，一項一項打勾。站在超市的白米區，原來一包米大概是一百五十塊臺幣左右。呼，我終於是一個吃米知道米價的人了。

除了超市，也開始去傳統市場買菜，依循文仰經驗老道的指南，學會了如何挑選上好雞蛋，跟賣菜的老闆搏感情。有一天，想著晚餐是否要叫外賣時，突然腎上腺素爆發，決定雪恥，再次挑戰三杯雞。帶著滿心喜悅與興奮，備齊蒜頭、些許辣椒、老薑、「三杯」的靈魂：麻油、醬油與米酒、九層塔、切好的去骨帶皮雞腿。我充滿信心，這次絕對不會失敗了。詳讀好幾次食譜，熟記每道食材入鍋的順序與時間，彷彿應屆考生般，在頭上綁了布條，宣布「必勝」的決心！

首先，用平底鍋把雞肉煎至七、八分熟。拿出雞肉，倒入麻油與老薑爆香、將整粒蒜頭煎至金黃色。雞肉加入鍋裡拌炒，啪滋！帶著水分的雞肉碰到鍋裡的油發出香氣四溢的白煙，熱油濺到我的手腕上。沒有時間猶豫，趕緊淋上醬油，翻炒一會兒，待雞肉均勻沾上了棕色蜜糖般的醬汁，加入九層塔，起鍋前，米酒下，唰的一聲，最後的提味瞬間將料理帶到另一層次。

起鍋上桌，看起來毫無破綻，連我自己都驚訝。把三杯雞的醬汁淋上飯，濃郁的味道在嘴裡融開，我被自己的廚藝迷倒了，以九層塔還有剩為藉口，連續煮了三天的三杯雞。說不定我是百年難得一見的料理奇才？第三天晚上，文仰吃飽了在一旁休息，我一邊用筷子扒飯，吃得起勁，一邊讚嘆自己還是挺有潛能的。看著碗裡攪了湯汁而變成咖啡色的米粒，這麻油好吃到心裡去，麻油……麻油雞心？啊，這才想到，原來在我心裡縈繞著的，不是三杯雞的滋味，而是對家的思念。

定居在越南多年的父親，似乎對女兒的記憶還停在十年前。至今他仍會對於我有獨立生活的能力感到驚訝。那天在閒話家常的通話中，我提到最近在練習做菜，更是完全不敢相信。

「哇！真的假的？」

「當然是真的。」

「真的？妳會煮什麼？」

「三杯雞。」

「能吃嗎？」

「當然！非常好吃。」
「那妳下次做給我吃。」
「好啊，等你回來。」

那有什麼問題呢。心裡想著，有能力為家人做些什麼，真是太好了。長大之後，母親顧慮到健康，已經不會煮內臟當晚餐。痲油雞心漸漸從我們的餐桌消失，但童年記憶裡的香氣不曾淡去，上次炒鍋裡濺起的熱油，在左手虎口留下了淺咖啡色的圓點。記得在母親的手腕附近也看過一樣的印記，是帶著水分的魚入鍋而噴濺出來的熱油，看似無傷大雅地在手上留下料理的痕跡。不確定應該稱作疤或是傷，看著它覺得有些驕傲，我是一個煮飯的人了。

我開始明白母親的那番話：「等妳當媽媽的時候就會煮飯了。」

原來她的意思是，總有一天，你會自然而然地開始洗手作羹湯，雖然有些笨拙，但你會找到方法，你會不斷嘗試，不害怕失敗。只因為渴望，為心愛的人燒一桌好菜。

只因為親手料理的飯菜，蘊藏著的是滿滿的情感。與家人一起在家吃飯，是一分山珍海味都比不上的奢侈。充分掌握了三杯雞之後，我開始練習苦瓜鹹蛋。剛經歷了第二次失敗，苦瓜不夠熟味道又太苦。文仰為了安慰我而說：「至少鹹蛋很好吃啊！」但我不會放棄的，希望有朝一日學會三菜一湯，可以回家燒一頓飯給父親與母親，用行動告訴他們：嘿、女兒長大了，而且，非常非常愛你們喔。

留下來生活

Stay with me

CHAPTER FOURTEEN

第十四章

失物日記

我不確定健忘算不算是一種個性；丟三落四的日常是不是腦袋某個部分的缺陷使然？走一路丟一路，是從小到大母親對我的無奈，開始旅行之後，我的失物更是遍布世界各地。在新加坡忘了一只錶；在好幾間青年旅館丟了幾件衣服；把自己的近視眼鏡遺落在斯洛伐克的旅館廁所裡。

我也不小心弄丟過好幾次手機，還好幸運到每次都能找回來：一次是在澳洲的 Uber 上，半夜派對後回到家的我倒頭就睡，隔天早上才發現手機不見了。善良的司機在傍晚特地幫我將手機送回來。

第二次是在越南，從中越搭巴士來到胡志明市，父親接我回到住處後，我遍尋不著手機，研判是上計程車後從包包裡掉出來了。麻煩的是我總將手機關靜音，眼看很難拿回手機了。父親也說：「這裡是越南，明天妳的手機就會被拆開賣到黑市裡。」但我不放棄，透過追蹤軟體看到手機的位置，還發現它在移動。

「一定在計程車上！」很早就死了心的父親，在我的央求之下，請當地的同事幫忙打電話去計程車公司，一來一往整個晚上，終於在幾乎放棄希望準備就寢時，接到一通充滿光芒的來電：「找到了，明天早上就送過去。」天啊，多麼渺茫的機率，原來計程車公司有定位系統，查到哪一輛車在晚上七點半從巴士站接了我們，也很慶幸司機的誠實與願意幫忙。

為了避免這樣的行為造成生活的困擾，我盡可能多放注意力在我的物品上：例如離開一個地方之前，左顧右盼一會兒，確定東西都有拿再走。但所謂江山易改本性難移，我仍在機場掉過無數個水壺、掉過書、掉過手機充電線、也掉過好幾副太陽眼鏡和帽子。但，我從來不會因為找不到東西而緊張、暴躁或發脾氣，或許因為已經習慣面對遺失，所以總是很平淡。啊，不見了，就這樣吧。

後來我在哥斯大黎加，弄丟了我的鞋子。

我們去沙灘上散步，經過草叢區，我想把鞋子留在這沒問題吧？我們在金黃色的日出裡流連忘返，還遇到了一隻狗與兩位新朋友，再次回到旅館，已經是兩個小時後，而鞋子，當然，原地消失了。

我向旅館老闆詢問，畢竟櫃檯就在沙灘旁邊，也許有人有看到也說不定。老闆聽了之後愣住三秒，走向我，穩重地拍著我的肩膀說——

「妳說妳把鞋子留在沙灘上，覺得沒人會拿走？」

「對。」

他又重複確認一次我說的話，再也忍不住地開始哈哈大笑。

「這是我聽過最天真的想法！」

我發誓，那是我聽過最發自內心的笑聲。老闆笑到人仰馬翻，說我好傻好可愛，當地雖然民風淳樸，但落單的物品，兩分鐘就會被拿走。他問我哪來的，我說臺灣，在臺灣、手機跟錢包都可以放在咖啡廳桌子上然後離開。他瞪大鼻孔不可置信地看著我，好像彼此來自兩個星球。等到他比較冷靜一點後，說會幫我問問看旅館員工，有沒有人看到我的小白鞋。

我過了一個沒鞋子的上午，時間還早，商店都沒有開，也不確定村莊裡有沒有賣拖鞋。一方面想著，該不會要赤腳搭車回到首都；另一方面也悠哉地問著旅伴：午餐想吃什麼呢？

「妳是我見過對物品最無眷無戀的人耶。」

她說，一般人意外失去屬於自己的東西時的焦慮，在我身上完全看不到。好像什麼都沒發生過一樣。

「因為煩惱也沒有用啊。懊惱、自責都無濟於事，所以我看得很開。」

在準備外出之前。有人敲了房門，叩叩叩，打開門是一位身穿條紋衣的男子，拎著一雙白色布鞋說：「這是妳的嗎？」我是上輩子做了什麼好事能夠如此幸運，總是在失而復得？原來是清晨打掃的人發現了，直覺是客人的鞋子，就先收了起來。

穿上小白鞋出門覓食，走過土壤，踏上水泥路，低頭看看這雙保護著我的雙腳，確保它們不受傷害的物品，才後知後覺地感慨：啊，我差點失去了你啊。是太習慣說再見了，太習慣喜歡上什麼，然後與其分離；習慣不擁有，習慣遙遠的想念，習慣我愛的人不在身邊。

我說服了自己美好的價值從來不在於是否被延續，於是走一步，丟一物。時常在瀏覽舊照片時才驀然發現：那件咖啡色的羊毛披肩，就如那些曾並肩走過一座又一座城市的相遇，都已不復存在於此刻的生活裡。但曾經分享過的笑聲啊，曾共渡的時光仍如此閃閃發亮。因此，景物依舊人事全非又如何呢？也許我花了太多心思在抓住這些稍縱即逝的感覺，才總是不留意實質上的緊握，總是在分離面前表現得雲淡風輕。然而我當時沒有發現的是，每一次道別都是從心牆敲下了一塊碎片，落入深不見底的洞裡，很久很久以後，才會感覺到痛。

留下來生活

Stay with me

CHAPTER FIFTEEN 第十五章

一起去清邁

那是一趟完全為了大象的旅行。

亞洲象生性溫和，耳朵和體型都比非洲象較小一些，分布在東南亞與南亞等熱帶地區，這些地區的歷史、文化也都能看到與大象息息相關的訊息。在印度教中，象頭神是一位重要的神祇；在古代中國，大象是是南方鄰國進貢的禮品，甚至是戰爭時的坐騎。在泰國，大象更是象徵性的代表，很多府徽上都有象的圖案。然而也因為亞洲象溫和的天性，被人類馴化成表演、賺錢的工具，大部分時候這些訓練是極度不人道的。這一趟為了大象而抵達清邁的旅行，我們的目的地是去大象自然保護園區（ENP），那裡收留著從各個馬戲團、商人手中救出來的大象們，打造了一個生態園區，讓前來的旅人可以用最不打擾、最溫柔的方式一探這些動物的美麗。

在ENP有很多不同的行程，也有志工團。我與瓊出門，默契百分百，一切都很水到渠成。這次加入的是兩天一夜的參訪團，搭上車離開市區，人煙漸漸稀少，抵達ENP的第一天參觀行程，跟著導覽員徒步在園區裡走走，細心地

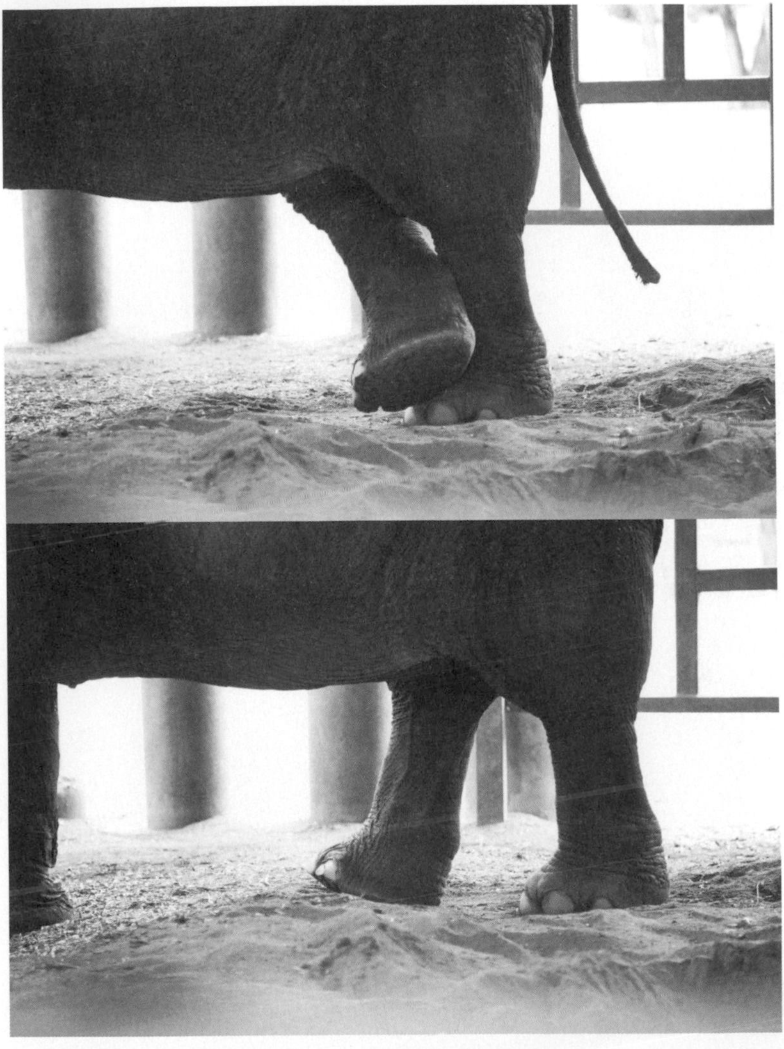

跟我們分享每一頭大象的故事，以及關於大象的基本知識。

原來牠們只有八顆牙齒，一生會換牙六次，大概六十歲左右，牙齒掉光之後，就會漸漸失去進食的能力，然後慢慢餓死。聽到這件事情讓我覺得很驚奇，在人類社會裡餓死是一件外在環境造成的事，貧窮、飢荒……否則即使牙齒掉光了，仍然可以食用流質食物；即使食道壞了，醫院仍有辦法用針頭施打養分進去人類的身體裡以維持機能。然而在最原始的環境與生態裡，大象的自然死亡即是等到失去最後一顆牙齒。牠們可以感受到身體越來越虛弱，感受得到死亡的靠近，大象會獨自走到所謂的「象冢」，然後在那裡安然死去，進入下一個生命的循環。

也許曾經人類也擁有如此細膩的能力去感受自身與萬物的變化，直到我們在城市裡生活了太久，所有的汲汲營營讓我們丟棄、遺忘了身為自然萬物之一的連結。我想起《曠野的聲音》（Mutant Message Down Under）裡所提到的真人部落。他們活在大自然裡，受傷與生病都有天然的藥草來醫治，生活中充滿智慧，甚至有許多科學無法解釋的事依著信念在發生，與都市人最大的不同是，他們的身體不會有病變的癌細胞。真人部落裡的人們相信靈魂的

永恆，當一個人準備好離開俗世，他們會聚在一起慶祝，準備離開的人會坐在沙地上，關閉體內的生命系統，兩分鐘之內，溘然長逝，回歸到肉眼看不見的永恆境界。如此平靜地結束此生，是不是跟大象很像呢？

大象的汗腺非常少，喜歡在水中打滾來降低體溫，以及用鼻子往背上灑土來防晒。而布滿皺紋的皮膚也能幫助將水分留在凹陷的皺褶中，如果水分必須花比較久的時間才蒸發，就能讓大象保持涼爽久一點。大象是素食者，只吃草，玉米和水果，一天進食十六到十七個小時，消化系統效率不高，大約有一半食物會直接被排出。有一次在園區裡幸運遇到一群去森林散步回來的大象，遠遠地觀望，驚訝著牠們的巨大與溫柔，身體可重達五噸，走路起來卻安靜無聲，舉起扁扁平平的腳，輕輕往前踏，不揚起一絲沙塵。

ENP的房間就在大象夜晚睡覺區旁邊，睡前還聽到大象似乎在聊天，除了象鼻的聲音，還會發出很低沉的呼嚕呼嚕聲。早上走出陽臺就看見睡醒的大象等著出門玩耍，等得很不耐煩。園區裡的志工會做「米球」，餵食已經無法自行咀嚼纖維的年邁大象。第二天我們也參與了這項工作，站在一頭成年母象面前，感覺她一腳就可以踩扁我。我拿出米球的時候，她向前走了一步，我退一步發現身後就是柵欄，一瞬間心裡的緊張是真實的，但隨之而來的是信任感，一股溫柔的力量竄進我的心裡對我說：「別擔心，她不會傷害你。」

短短兩天時間，沒有刺激的娛樂，沒有騎大象或是幫大象洗澡。只有靜靜的觀察與思考，坐在河邊看著象群玩水，彼此互相協力上岸；聽著導覽員解說大象的群體生活，如何決定和彼此成為一家人。據說一頭新來的大象，會先獨自生活幾天，然後園區的人帶牠去跟每一個象群見面，見完一輪之後，牠們就會決定加入哪一個家族，接納彼此。也有一些象，最後選擇單獨度日。

生命是如此充滿力量，如此神祕，如此龐大與渺小。

離開 ENP 之後，我們在清邁市區騎著摩托車閒晃，直到最後一天拿起旅館提供的地圖，心想，是時候來看看景點吧。才發現被標示出來的必去景點，都在我們閒晃的時候踩過點了。我喜歡這樣，舒服自在的旅行，當然每一天我們的話題仍然離不開大象帶來的感動與啟發。

並且，已經迫不期待想要再回到清邁。

CHAPTER SIXTEEN
第十六章

另一個世界

在新加坡，陪表姊去大使館辦旅遊簽證時，經過一座一座建築在綿延山丘上的獨棟建築，有別於社區型別墅，這些房子每一棟都占地百坪，各有特色且一支獨秀。有的富麗堂皇如中世紀歐洲莊園；希臘宮殿般的白色石柱、一絲不苟的花圃與修剪成圓形的樹排排站在噴水池旁，泉水精神奕奕地磅礴著這戶人家世世代代的尊榮。有的是現代簡約設計風格：精心挑選了深灰色大門與植物搭起的圍牆，無法透視的大片玻璃窗中流露著一分寧靜與神祕。

新加坡是全世界最富有的國家之一，而這個富裕國家中最有錢的人，都住在這個山丘上。計程車裡，我瞪大雙眼，用盡全身力氣集中精神，只為了在不斷往前移動的風景中，抓住稍縱即逝的零點五秒，在縫隙間奮力往牆內一瞅，彷彿看到《大亨小傳》（The Great Gatsby）裡的派對在門後旋轉著。

「我看過別墅，但這些根本是城堡。」我驚嘆著。

「貧窮限制了我們的想像。」

表姊這話一針見血，倒也是誇張了。我們不大富大貴，但也沒愁過吃穿。算是平凡的人家，上公立學校，過著平凡的小日子，準時繳水電費，大致上快樂。然而，我總好奇人們在不同文化裡的生活樣貌，卻差點忘了，在資本主義的世界裡，階層與階層之間的距離，恐怕沒有任何交通工具可以穿越。

幾年後，因緣際會前往了墨西哥，一個多采多姿，同時非常混亂的國度。

哪些地方安全、哪些地方應該避開，已經成為當地人對我這個外來者耳提面命的招呼語。毒梟的勢力大到令人聞風喪膽，幫派火拼的消息成為街訪鄰居茶餘飯後的話題。生活還是要過，墨城的日常並不會讓人感到危險，只在某些時候，例如晚上九點去超商，發現他們為了安全起見將玻璃門上鎖，只透過一個小窗戶做生意時，才聞到城市裡隱隱約約的不安。

踏著文化巡禮的路線，行程最後抵達了觀光勝地：坎昆。入住卡門海灘（Playa del Carmen）上價格不菲的知名度假村，那幾日徜徉在加勒比海的奢華，是宇宙為了拓展我的想像而打開了一扇門，向我展示平行時空中的另一個世界。

一覺醒來，沒有街道的喧嘩，沒有叫賣的小販。清晨陽光在最剛好的角度灑進窗內，伴隨樹蔭搖曳著溫暖而潮溼的空氣。木屋外圍被布置成原始叢林的樣子，卻沒有任何落葉與昆蟲。

我在房間仔細看了度假村地圖後才整裝待發，前往餐廳沿途經過兩個游泳池，還有健身房和紀念品商店，腳下踩的石板路蜿蜒卻完美，一旁的草地與植物都翠綠如春，所到之處找不到一點點瑕疵，我想即便全世界最有潔癖的人來到這裡，都會感到身心舒暢。

我在池畔找了一個可以晒到太陽，且剛好在椰子樹陰影底下的座位。為了確保付了大把鈔票前來的客人有最舒適的享受，度假村的工作人員早就鋪好早餐桌巾，掛上最友善的笑容。海灘浴巾也洗得暖暖澎澎的，摺得方方的像豆腐。一位頭髮向後紮得整整齊齊的女服務生，走到餐桌旁向我介紹今日菜色——

「Buenos dias.」

「Buenos dias, Como estas?」

「Perfecto, y tú?」

「Muy bueno. Hablas español?」

「Un poco.」

微風徐徐中，我完成了人生最完整的一場西文對話，油然而生一股優雅感。幾位妙齡女子戴著太陽眼鏡經過，有的走進泳池，有的躺下在日光浴裡閱讀手中的書籍。眼前的寧靜與完美，突然讓我感到錯亂：怎麼沒有了總是想吃卻又怕吃了拉肚子的 Tacos 小販？混亂的交通？路人分不清是好是壞的凝視？西文與英文交雜的比手畫腳？取而代之的是乾淨漂亮的碧海藍天、英文流利的服務生、每天有專人打掃的沙灘與鬆軟的毛巾，搭建出一座天堂之島的景象。

日正當中，我躺在沙灘椅上，吧檯人員堅持要親自把我點的啤酒送過來，他穿著純白的制服，沒有一絲皺褶，要我在寫了房間號碼與消費品項的單子上簽名，退房時才結帳。我第一次感受到，原來這就是傳說中的「度假」，舒舒服服，零憂愁、零煩惱，將紅塵與世間的紛擾都拋諸腦後，旅行的風險也不在需要思考的範圍之內，度假村提供接機服務，讓尊貴的客人能夠花最小

的力氣來到此地，免於舟車勞頓。唯一令人困擾的是，在這風和日麗的午後，應該要吃一頓下午茶，還是預約精油按摩呢？

住在有湖畔的獨棟小木屋，每天都有不同活動安排，晚餐、宴會，女主角的父親甚至在這有他最愛的御用管家。原來這樣的生活並不是虛構，而是真實存在著，想必在卡門海灘上散步的某個家庭，就是度假村會員，每年都會帶著小孩或父母前來，全家大小一起來享受陽光與加勒比海的異國風情。

若不是因為在海灘上配著長槍的巡邏警察，戴著縫了墨西哥旗幟的臂章，我完全忘了身處何方。

在旅行的路上，我見過貧窮，見過八個人住在三坪大房間裡的貧民窟，每到下雨就會淹水的家徒四壁；也見過奢華，品嚐過要價不菲的料理，欣賞過氣派豪宅裡上百萬的古董傢俱；我遇見過每天赤腳走路三個小時去上學的學童；也認識過十八歲已經環遊世界一圈，正準備去英國念書的青年。我看過一家人因為收到一袋麵包而歡天喜地的表情；也看過有人花錢點了滿滿一桌菜，吃不完也毫不在乎的傲慢。

階級若有形，會是什麼呢？是禁錮的牢籠嗎？還是力爭上游就可以往上爬的樓層？是誰分化了階級？像劃分國界與海洋般，用隱形的線築成一道高牆。切割開度假村裡與外的身分地位，佇立在販賣草帽的墨西哥小販與晒成番茄紅色的白人觀光客之間。我花了很長的時間才明白，只要人性還正常運作的一天，世界就不可能公平。

對於漂泊的我而言，階級像海，或是一缸很深的水，憋一口氣，以旅人的姿態投機地穿梭其中，但不論到了哪個位置，都不屬於我。離開了原生家庭的無憂無慮，經過坎坷冒險之路，走到了青青草原，每一扇在眼前打開的門，都是一座座博物館，我恭敬地參觀，說聲謝謝，我來過，而我仍會繼續離開，前往下一個世界。

或許因為靈魂本質就是個流浪者，才會從來不覺得自己屬於任何地方。

留下來生活

Stay with me

CHAPTER SEVENTEEN
第十七章

生活在他方

「憋一口氣到不了的地方，就叫做遠方。」

那是二〇一九年的第八次起飛，花了十個小時從香港抵達奧克蘭（Auckland），一座位於南半球的海港城市。一般人在水裡閉氣的時間約是三十秒到一分鐘，為了此趟造訪，必須憋氣六百次。

三、四月的臺灣正在為夏季的到來摩拳擦掌，而紐西蘭則是在秋意裡縹緲，踏著落葉的步伐，一步一步走向冬。氣溫還算宜人，雖然象徵冬季來臨的雨時不時進城搗亂，但幸運的時候仍可以去海邊晒日光浴。

紐西蘭，綿羊比人類還多的奇異國度，奧克蘭占紐西蘭整體面積的百分之零點四，住了全國三分之一的人口，其他三分之二的人分散在另外百分之九十九點六的疆土中。雖然是紐西蘭第一大城，但從臺北來的我在這還是感到格外悠閒與放鬆。城市波浪般起伏，中間座落了好幾座大公園，公園裡的植物們無一不是生氣勃勃地生長著。

「這些樹也太大了吧。」

他們不只巨大得像阿里山神木，還長得很魔幻，氣根垂到地面接壤起一座橋樑，已經分不清哪裡才是主幹。好像一個轉彎就會遇到白兔子，帶領我跳進時間的黑洞走進千年叢林。

我在這裡上語言學校，即使是短期課程，對於習慣移動的人來說，僅是每日走重複的路線去教室，都可以讓我感到無比的踏實。每天早上出門，天微微的亮，不知道為什麼路人們看起來都像剛離開健身房，聞起來都像才洗完澡。不小心撞到人，還會對我笑一下。我花了好幾天明白要怎麼過馬路，在紅燈上面的閃數字，是可以行走的時間倒數，我一直以為是紅燈倒數，傻傻的等它數完，再傻傻的看著行人號誌從閃爍的紅燈變成堅定的紅燈。

課程每天從早上九點開始上到三點半。我會努力在八點五十五分之前抵達，才有時間去頂樓的餐廳買一杯咖啡。

同學們來自世界各地，年齡從十八到四十歲都有。在交誼廳裡我不太會主動跟別人搭話，這幾年來個性好像越趨內向了，這樣也挺好，舒舒服服的就好。我不再覺得自己需要當一個活潑的人。很享受一個人的時光，為了不被打擾，每天午餐時間我都會選在沒有人的陽臺上，獨自晒太陽，清幽地吃飯，若有一群人出來坐在隔壁，我會開始覺得不自在，心裡甚至會默默祈禱：別跟我講話。

但在課堂上，我又變成健談的人。每堂課都會開放性地討論不同主題，有時候早上談論愛情，下午討論政治；記得有一天，老師以情緒作為主題，要我們與同學對演狀況劇，當時失戀的我，竟一時借題發揮，演到哭了出來。

其實我最喜歡的，是下課後的「明天見。」

身為自由工作者，不管是在家或是在旅行，都沒有固定要去的地方，也沒有每天都會見的人，甚至有時候，好幾天身旁沒有人能講上一句話。一個人走走停停習慣了，突然因為一句明天見而帶來的安穩與確定，感動得不得了。素昧平生的街道，走第三次就熟悉了起來，雖然不可能，但仍會在一些晴朗的午後，不可理喻地期待巧遇某個熟人——

「你怎麼在這！」

「一起吃午餐吧！」

當然這樣的狀況是從來沒發生過的，因為我在遠方。在遠方，彷彿讓人逃過了一種壓迫感；逃過社會上那炙熱，好像每個人都在期待你有所作為的眼光與期待。遠方雖然孤單卻不寂寞，每天都有新奇的事，例如發現沙灘只需要從市中心搭公車十分鐘的時間，便彷彿從信義區到了墾丁。Mission bay 的沙灘平凡無奇，而平凡，這是日常之必要，是生活之必要。然而生活在他方，總感覺自己是一名透明的旅行者，穿梭在屬於別人的櫥窗中，這座陌生城市的一切對我來講是如此突兀又新鮮，而我對它來講只是一介過客，我太渺小，一百個我都堆不成那市中心的天空塔，而我即使將後半生丟留在這，對校園裡的老樹來講，幾十年歲月不過如沙如塵。

奧克蘭大部分的咖啡廳都在下午三點半關門了。我赤腳坐在公園的草地上寫文章，每當寫到入神就想躺下，靜靜看著樹，感覺自己成為土，然後，想起家。不確定是距離還是時差的影響，腦海中家的意象漸漸變得模糊。好像不再是一個地點或一棟房子，而是一團霧氣，在眼前冉冉上升，形成雲朵，積成雨落進土壤，那樣的自然而美麗，我都看得見，卻留不住。

留下來生活

Stay with me

CHAPTER EIGHTEEN

第十八章

漂流

維多利亞瀑布（Victoria Falls），是那回我與母親非洲大冒險的最後一站。世界三大瀑布之一，當地人稱它為莫西奧圖尼亞（Mosi-oa Tunya）意指「雷霆般轟轟作響的煙霧」。

抵達民宿後有當地的旅行社來介紹活動，活動琳瑯滿目：有豪華郵輪之旅、急流泛舟、直升機觀光、徒步遊獵等，彷彿來到大型遊樂園。滿街的紀念品店與來自歐美觀光客，讓維多利亞成為熱鬧又高消費的小鎮，這裡也有辛巴威唯一的國際機場。

去泛舟吧？整趟旅行，母親百分之百、某種程度上也算是沒有選擇地相信我的決定。當我將她的名字填上表格，大廳裡所有人都睜大了眼看了她，覺得勇氣可嘉，急流泛舟的行程除了在贊比西河（Zambezi River）上滑行橡皮艇，還必須徒步下切河谷，結束泛舟之後、爬上高度三百公尺的陡峭岩壁才能回家。在場其他與母親同輩的人都參加了平靜而悠閒的活動，例如搭郵輪觀賞沿岸野生動物。然而，母親只是傻傻上了賊船，完全不知自己簽了什麼合約。

出發泛舟的前一天，我們有整天自由的時間在城裡閒晃，理所當然買了門票去探訪維多利亞瀑布國家公園，才進入園區便能夠聽到轟隆隆的水聲，很明顯感覺到炎熱的氣溫因為飄散在空氣中的水霧而變得溼潤沁涼。見到久仰大名的維多利亞瀑布，是我第一次明白為什麼古人會形容瀑布如萬馬奔騰，地表裂出一道深谷，河岸聳立著剛硬而巨大的玄武岩，白濤急流從一百公尺高的懸崖傾瀉而下，刷刷刷地，真猶如千軍萬馬般來勢洶洶，並且在半空中映出一道美麗的彩虹。歷史上第一個發現此地的西方人，是來自蘇格蘭的大衛李斯文頓。原本就已經住在南非十幾年的他，在一九四九年決定深入非洲內陸探險。「我相信沒有一個人能察覺出這寬廣的水流向了哪裡，它好像從地球上消失了。」李斯文頓在書中如此描述著當時前所未見的景象。贊比西河長達七十二公里，寬達二十五至七十二公尺，在瀑布的最高落差區，河流以每分鐘五十五萬立方公尺的水流傾注而下。河流中還有許多小島，都被顏色斑斕和種類繁多的森林草木裝飾著，上游住著河馬，河岸旁不時可遇見羚羊、水牛等野生動物，如此充滿生命的美麗。

我指著瀑布對母親說：「這就是我們要泛舟的地方。」

她看著深不見底的河谷嚇到花容失色，我才樂乎乎地說是開玩笑的。但其實是對了一半，我們的泛舟地點是在贊比西河的下游，有專業的泛舟嚮導帶領，每一個轉彎處的漩渦與斷層他們都瞭若指掌。在枯水季，整趟會經過十九個急流，驚險刺激之外，沿途的景色也是風光明媚。然而母親穿上救生衣與安全帽等裝備後，才發現苗頭不對，事情好像沒有她想的這麼簡單。事到如今，只能硬著頭皮跟著隊伍走下去。

一艘橡皮艇有六個人，我除了擔任隊員也持續擔任母親的私人翻譯員。

「身體壓低。」

「用力划。」

「抓繩子。」

諸如此類的指令與口號，在嚮導大喊之後，我也必須大聲用中文告知我無辜又勇敢的媽媽。每當順利經過一個急流，團隊就會舉起槳來擊掌歡呼，就像電動遊戲裡一樣。而在下一個關卡來臨之前，嚮導也會詳細說明前方有什麼在等著我們。

「下一個急流很大，有兩個漩渦，我們可能會翻船，需要很快速地經過。如果掉下去，漩渦會把人吸下去水裡，大概三秒鐘，不用緊張。」

「現在！大家用力划！」

一陣尖叫聲中，所有團員們像打彈珠機臺裡的彈珠一樣互相碰撞，水花四濺。大概三十秒的時間，等到混亂稍稍平息後，我立刻回頭確認母親仍然安好。

然而，她不見了。

船上剩下五個隊員，我急忙在水面上尋親，還好很快地在遠方看到一顆漂浮的小人頭。大家合力把媽媽拉回橡皮艇上，並且大笑一番她成為第一個落水的人。撥開臉上的水珠，我看見媽媽原本不知所措的小白兔雙眼，突然閃閃發亮。她說：「天啊，剛剛不知道發生什麼事，就飛出去了。但是我記得妳說的，會沉在水裡三秒鐘，我就靜靜等待，數一、二、三，我沒有害怕。」

大概到一半的時候，因為枯水季的緣故，水位落差變得太大，我們必須靠岸走過去，到下方再上船，否則會太危險。母親比我還要健步如飛，總共大約有三、四十個人，組成不同的泛舟隊伍，大家都溼漉漉的，臉和手臂都晒得紅紅的。沿著岩壁排排站著，等待重新回到橡皮艇，已經歸隊的我們，回頭一看山壁上一個一個穿著救生衣掙扎著不敢跳上船的人們，笑說這畫面好像鐵達尼號。經過一段平緩寬敞的河道，嚮導指著峽谷峭壁上一條隱隱約約的深色分隔，他說那是雨季時的水位。當我們的視線再從水位線往上看，可見許多攀著石縫生長的植物，他們的根會往下爬尋找水源，然而當旱季來臨時，他們就等，不慌不忙，不疾不徐地等。我不確定自己有沒有植物們一半的耐心和韌性，能夠為了適應環境而成為落葉木，在長達數月的乾枯中褪去綠葉，直到下一場傾盆的雨季悄悄到來，再重新綻放。看著看著，我有點希望我也是一株能屈能伸的植物。

「注意，左邊划。」

「現在右邊。」

「全部一起！」

我們的嚮導除了是泛舟教練，更是專業的單艇競賽選手。「能夠每天做自己喜歡的事，還可以賺錢，我想不到比這更幸福的事了。」他說，有這條河，有這片大自然，他就是世界上最快樂的人。關於泛舟這件事，若少了一位經驗豐富的領袖，我們恐怕早已四散在湍急的河流裡，永遠找不回彼此。

「各位夥伴們，前方是今日的最後一個急流，翻覆的機率是百分之八十。河裡有鱷魚，大家保重。」

當我們還躍躍欲試，準備放手一搏的同時，嘩，眼前一片黑暗，噗嚕噗嚕，全員落水。嚮導與一位壯丁合力把上下顛倒的橡皮艇翻回來，下游是一段寬敞安全的河道，除了聽說有鱷魚之外，可以放心在水裡漂流。我離橡皮艇很近，很快回到船上，沿途還救了幾個別船落水的人員，最後也順利撿回我的媽媽。

在烈日下，結束了泛舟的我們要從河谷走回村莊，是一條完全沒有樹蔭，非常陡峭的山坡路。母親毫無怨言地走，一面嘟嘴回味說：「真是太刺激了。」

等到終於搭著車回到有訊號的地方，她馬上打電話給遠方的姐妹：「妳知道嗎！我今天跟女兒去泛舟，哇！好驚險喔，我先是被自己的槳打到，又被隊員撞到胸口，差點無法呼吸！後來還掉進水裡！喝了好幾口水，啊，我們去的那個什麼河，是辛巴威和尚比亞的交界，所以我喝的不知道是哪國的水欸！」原來表面是分享，真實是宣揚一下今日的豐功偉業。隔天母親的下巴還出現了被槳打到的瘀青，原本一張水煮蛋般白皙剔透的臉兒，來到非洲晒成一張髒髒的小花臉。

「我可是豁出去了喔。」她驕傲地說。

看見她沾沾自喜的樣子，我明白了她眼中的光，來自於冒險帶給她的突破與成長。光榮歸來，喝過幾口河水而變得更強壯。

留下來生活

Stay with me

CHAPTER NINETEEN

第十九章

夢境

「睡得好嗎？」

「還行，好像做了一些夢。」

「在陌生的地方所做的第一個夢會成真喔。」

「什麼意思？」

「新的床、或是朋友家的沙發。只要是從前沒睡過的地方，第一次睡著做的夢，會真實發生。」

「旅館也算嗎？那時常旅行的人不就能預知未來了？」

「嗯，但大部分的人不太會注意到。他們以為是Déjà vu，其實是一場又一場自己不記得的夢。」

我喜歡那間公寓，簡單，乾淨，窗邊有一隻木製的長頸鹿，窗外望出去是一大片森林。自從在這裡過了一晚上後我就住了下來，不記得夢到了什麼，但冥冥之中有一股力量，要把我們綁在一起。他總是看起來很溫柔，若有所思，心裡好像有很深的傷，講起話來像冰山，永遠只讓人看到水面上那一小角。

我樂於跟他玩打啞謎遊戲，樂於在他假裝不在乎卻又實際上感到難過的時候，接住從他心上掉下來的碎片。我喜歡黑咖啡，卻已經好幾個禮拜喝他泡的茶；習慣流浪，卻心甘情願為他停留。比起進城裡逛街，我們更常去森林裡散步。從落葉繽紛時走到湖面結成冰，四季更迭在這片土地上是如此明顯，令人難以不注意到時間的流逝，彷彿一陣陣帶著沙粒的風吹過，在臉頰上留下深深淺淺的刮痕。

一位老人站在結冰的湖中間釣魚，與一隻老狗。

我們好奇地靠近，小心翼翼踩著每一個腳步。氣溫漸漸回暖的早春，冰已經很薄，薄到能輕易鑽出一個釣魚的洞，但又還厚到足以支撐人的重量在上面行走。

「好吧，訣竅是，盡量別踩在湖的邊緣。」

他的擔憂全寫在臉上，若不是我堅持，他一點都不想走去湖中央。若重來一次我會拉他的手在冰面上奔跑，跑到我們一起跌倒為止，就像《Eternal Sunshine of the Spotless Mind》一樣，但我並沒有這麼做，因為那時我還沒看過這部電影。

老人送了我們一條魚。那隻黃色短毛狗好胖，但看起來忠心耿耿。

波蘭，原意為原野之地，幾乎是一個正方形國土，中間往南開五個小時可以到山區，往北開五個小時可以到海邊。待氣候更暖些時，我們帶著帳篷來到波羅的海沿岸，經過的鄉間小鎮風光明媚，誰知在海邊迎接我們的，卻是一場排山倒海而來的暴風雨。刻意遠離城市想尋找一片寧靜的兩人，此時卻在一場暴雨中成了孤島，無處可逃。

附近唯一的一家小店鋪，佇立在停車場中間，已經打烊，但還亮著昏黃的燈，在一片溼漉漉的漆黑中顯得非常突兀。

"Jak sie masz?"（你好嗎？）

一位穿著吊帶褲的老人叼著菸斗，正在收拾廚房，看到我們像溼透的流浪貓，便說：別客氣，進來躲雨吧。雨勢之大，轉瞬間停車場已經淹成水塘，眼看帳篷是搭不成了，今晚睡車上嗎？談話之中，老人得知我們的處境，說家裡的閣樓有空房間，若不介意，可以來借宿一晚。

我們互看一眼，接受還是拒絕？有更好的方法嗎？會被陌生人殺掉嗎？我著迷於生活中的各種選擇題，像電玩遊戲中跳出的對話框，或是站在道路交叉口，我從來沒選過一眼就能看到盡頭的那條。雨仍然稀哩嘩拉地下著，在沒有街燈的偏鄉小路上，視線只及車燈所照之處，跟在老人的車後方開了大概二十分鐘，MAR16ZE，坐在副駕駛座的我整趟路都盯著前方這塊車牌，駛向未知。

「到了。」

我們在玄關脫下外套。那是一間典型的波蘭鄉村小屋，三角形屋頂，木製的門和地板。

「您一個人住嗎？」

「噢，是的，我女兒和她丈夫住在附近。他們在城裡開了一間餐廳。」

「真是太感謝您收留我們一晚。」

「沒什麼大不了的。」

「您女兒的餐廳在哪呢？我們明天也許順路可以過去吃。」

「我保證是全鎮上最好的 Pierogi。」

「啊，我最喜歡 Pierogi 了。」

老人倒了三杯波蘭伏特加。就像在英國有人來家裡作客時會問對方要不要來杯茶一樣，在波蘭人人都喝伏特加。他們甚至研發了各種甜蜜調味，在超市架上總會看到整排各種顏色的 Soplica，草莓、榛果、焦糖各式口味應有盡有。一口下肚像吞了一湯匙楓糖，不同之處，便是那灼熱的四十度酒精從喉嚨燒起一把火，一把火如裹著蜜糖的岩漿緩緩流到胃裡，再由血液傳送到身體的每個角落。

寒暄之際，暴風雨仍肆虐，狂風將樹木吹得東倒西歪。碰的一聲，似乎門口的柱子斷了。

「早點休息吧。」老人帶上手電筒與一綑麻繩往屋外走。

再次張開眼，看見窗外是一片綠油油的草原，遠方還有一綑一綑收割的牧草，兩隻羊在柵欄旁意興闌珊地甩甩頭。已不見昨夜的狂瀾，整晚的暴雨都被大地吸收乾淨，像從沒發生過一樣。我們在木製餐桌上吃麥片當早餐。他看起來有些悲傷。沒睡好嗎？閣樓那兩張分開的床可是像專業民宿一樣又鬆又軟。

「我夢見你離開了。」

「去哪？」

「很遠的地方，離開波蘭，離開我。在陌生的地方所做的第一個夢……」

會成真喔。

再次張開眼，好像睡了很久很久。走到陽臺，映入眼簾的是沖繩的碧海藍天，不冷不熱的微風徐徐吹，幾乎已經想不起來斯拉夫式的冷冽空氣是什麼味道。握著手中的咖啡，若有似無地想起那段遙遠的記憶，是夢還是真實，我已經不記得。

留下來生活

Stay with me

CHAPTER TWENTY
第二十章

在倫敦醒來

在倫敦醒來，遇見近十年最熱的夏天，不習慣吹冷氣的大英帝國在熱浪裡狠狠地融化，地鐵上的每個人都像快渴死的狗。前往金融中心的上班族仍然穿西裝打領帶，從星期五的中午休息時間開始喝啤酒，以氣泡和酒精開啟週末的狂歡。

說不上來為什麼，我總是想來一趟倫敦。只因為聽了太多他的故事，莎士比亞和工業革命，炸魚薯條和鐵橋，那一座摩天輪和大笨鐘。

那個在伊斯坦堡遇見的人說：「妳應該去倫敦，去世界的中心吧。」

為什麼他覺得那是世界的中心？也許大英帝國曾經日不落，但如今他越來越老，越來越沉溺在昔日的光榮而駐足不前。但，留在原地怎麼了嗎？為什麼一個國家一定要持續進步呢？為什麼一個人需要不斷提升自己以保持競爭力？這難道不是一種現代焦慮症的表現？如果把國家比喻成一個人，榮耀了大半輩子，總可以含飴弄孫安享老年吧，不進則退又是什麼道理？也許因為時間的巨輪是單向道吧，時代不斷改變，所以人必須有所成長，就像這個時代的爺爺奶奶也要學會使用智慧型手機，就像樹木吸收土壤的養分而一天一天地長大，人若一天吃了三餐，製造這麼多碳排放卻不思進取，豈不是所謂馬齒徒增嗎？而國家，若不願意揚起帆在浪潮上與時俱進，便難免沉淪吧。

也許我是如此地渴望求證，任性地從新加坡飛到倫敦，別無二心地，跨過半個地球直達這座城市。

走在倫敦的街頭感覺既熟悉又陌生，我知道，是語言的關係，因為共通的語言讓我這個初次踏上此地的陌生人也能通行無阻。

與J相約在東倫敦的西班牙小館，仲夏的午後，他一身黑，帶著紳士帽與墨鏡出現。世界又大又小，大概是幾個月前，我在網路上分享了他的音樂，然後開始聊起來，他喜歡我的文章，我欣賞他對創作的堅持與理想。雖然是第一次見面，卻也感覺像是久別重逢。第二天我們去吃土耳其餐廳，倫敦的美食就是來自世界各地的料理。沒有什麼「英式美食」，就像，你知道的，土耳其人烤魚、中國人蒸魚，而英國人拿到魚，決定把牠跟薯條一起下鍋油炸。」

那天氣溫攝氏三十五度，地鐵站口放著告示牌：「天氣炎熱，請多喝水。」高溫提醒對這個民族來說非常陌生。J像一隻領頭羊，殷切地領著我在倫敦市區閒晃。而我們只是走很多的路，講很多的話，像《愛在黎明破曉時》那樣。我們聊民主主義、聊宇宙、聊科舉制度的弊病、聊官僚、聊藝術與理想。

漫步在皇家公園大道上，他細數著樹木在四季的變化。

「聖誕節的時候，樹上掛滿了燈，地上鋪著白白綿綿的雪。」

很美。我們在湖邊看天鵝，靜靜地，只拍了兩張照片。然而很多看似平凡無奇的時刻，只有在驀然回首時才會發現那有多麼珍貴。因為時間過於巨大，在它面前任何情感的波動都只是相形見絀。

留下來生活

Stay with me

在倫敦的最後一天，我沒有買任何紀念品，也沒有去品嚐網路上人人推薦的餐廳。才發現了原來我並沒有打算在這短暫的停留裡當一個觀光客，而是一個過客。J則是那個留下來的人，我想我同意倫敦的空氣中的確聞得到人類可以身為個體的自由。某種程度上也是人離開原本的生活夠遠，披上陌生人斗篷就會感受到的無拘無束吧，但自由的代價就是孤獨，孤獨是一陣又一陣的風不停在你耳邊輕聲地問：「你是誰？」該如何認識與接受自己可以是一條無盡的路，一件看不到盡頭的苦差事，因此穿上那件斗篷，需要非常多的勇氣。

「妳應該留下來。」

我笑而不答。倫敦是世界的中心嗎？我沒有答案。

而已經做了選擇的他，眼裡再也沒有遠方，也沒有了家鄉。

留下來生活

Stay with me

District line
Eastbound
platform 1

District line
Eastbound
platform 2

後記

二〇二〇是多麼瘋狂的一年。

很多事情在悄悄發芽的時候，就像有人隨手丟了一支未熄的煙蒂，一明一滅之間，誰也料不到最後竟然會變成徹底改變世界的燎原之火。

還記得年初，在新聞上看到中國出現新冠病毒，那時還在想，要不要買一包口罩？不過幾天之後，全臺已經開始鬧口罩荒。緊接而來的全面性管制、航班取消、工作計畫取消，像漸進式停電的一條走廊，眼睜睜看著燈一盞一盞關閉。很快地疫情從亞洲延燒到全世界，每一天都有新的消息，每一天全球感染人數都在上升，彷彿一場災難片在活生生上演。當時我還在想，等到夏天的時候危機就會解除吧？然而現在已經快要秋天，很明顯的，短時間之內世界還不會恢復原本的自由。

回想今年三月時，國內情勢仍緊張，所有人能待在家就盡量不出門。當然我也是，然而這對於習慣到處衝衝衝的我來說，無疑是一個生活型態的劇變。

待在家裡，心情也是起起伏伏，可能因為外界的迥異也對個人能量造成了影響。往好處想，終於可以規律地健身、養花、學習語言、練習畫畫，當然，還有寫完這本書。有一天我正坐在電腦前鬱鬱寡歡，母親像是有心電感應般打了通電話來，聽完了女兒的滿腹苦水後，她說——

「沒事沒事。」

「別鑽牛角尖喔！」

「你看，人生苦短。」

「在肺炎面前，這些煩惱都很微不足道吧。」

媽媽果然睿智。

「笑一個吧。」

我勉強發出一個極其彆扭的聲音。但，說得也是，我們都只是來這個世界玩一下，或者，完成一些任務之類的。

任何東西、物質、成就、名聲、金錢、甚至這副身體，都是生不帶來死不帶去的，又有何糾結呢？在墨西哥的時候去了一個木乃伊博物館，不是埃及那種法老王式，相信死後會復生所以將屍體保存下來。館內上百具木乃伊因為埋葬在當地及其乾燥的土壤而未被腐蝕，某年政府開始收徵埋葬稅，許多窮苦的家庭繳不出錢，親屬的屍體就被挖出來。本來被放在一個房子裡，後來漸漸有人特地來看這些奇特的屍體，後期才規劃成博物館。我記得那一趟，意外的心裡並不感到害怕。那些屍體看起來像乾燥花，皮膚啊、骨頭、眼窩、手指頭，形狀都非常完整。當然有些破碎，像落葉那般脆脆地破掉一個洞，這些沒有了靈魂的軀殼，只剩下皮囊。

那是第一次這麼深刻感受到，靈魂和身體是分開的。「我」只是一個意識，借住在這個軀體裡，所謂我的腳、我的肩膀我的頭髮，其實都不屬於我。

I own nothing and nothing owns me.

生而為人，這一輩子，太多無常，太多不可預測的變化與意外。所以更要把每一天當成最後一天來活吧，想到這，所有煩惱都不值得傷腦了。如果明天就要死去，今天我想用愛與真誠去面對，而不是焦慮與擔憂。

不像從前那樣在外面東奔西跑，這段時間裡，我展開一場往心底深處去的大冒險：檢視、覺察著自己的恐懼與情緒反應。

唉，我必須說這不是一件容易的事，但我覺得很幸運，有機會走這一趟畢生難忘的靈魂之旅。我永遠會記得在冥想的過程中開啟那扇門，感覺像是打開了一座牢籠，讓內心那個受傷的小女孩終於被釋放，重獲新生。我曾經害怕人生的複雜、害怕社會與現實的磨難將我變成一個苦澀的人，所以我害怕老去。如今才明白了，我想留住的並不是青春，而是年少時那顆炙熱的心以及為愛而閃亮的眼神。原來時間老人，不是磨刀霍霍、準備從我們身上奪去一切的大魔頭；他其實是一位溫柔的智者，靜靜地坐在一旁，給予我們空間與機會去習得人生的智慧與奧祕。

曾經我是個流浪的孩子，滿腔熱血與憤怒，試圖在這個世界上找意義，追尋一個人或一個地方能夠給予我生命的答案。只是，走過千山萬水，驀然回首才發現，那人竟在燈火闌珊處，而那人，正是我自己。我所渴望的一切都在自己手中：人們太習慣伸手向外索討，太少靜下來傾聽心的聲音；太忙著為事物賦予目的，卻忘了讓事物本身去產生意義。而我終於學會，成為自己的光、成為自己景仰的那分愛，為自己療傷，成為自己的家。唯有潛入自我意識的深處，找到裂縫，才能修復；唯有完整了自己，才有能力為他人照耀。

自從第一本書《在遠方醒來》，至今已經四年了，時光荏苒，我想謝謝出版社的夥伴們，這些年來的合作，給予我的支持與信任；謝謝一路陪伴著我的家人朋友和讀者們，你們都是驅使我繼續往前的力量。

曾經我害怕生活的困難，現在我真心感謝，那些難題帶給我的成長與蛻變。

正如這本書的書名一樣，我已經有了《留下來生活》的力量與勇氣，往後的日子，不論身在何方，我不會再流浪，因為我的心已經有了棲息的地方，到哪裡都是家。

最後，願你找到內心一處柔軟而寧靜的草原，無論外面世界如何慌亂，可以隨時退避，並且在那放心地成為自己。

未來，讓我們繼續一起，一起保持溫柔，一起浪漫得無可救藥。

文學良品26

留下來生活

Stay with me

作者 謎卡 Mika Lin
攝影 謎卡 Mika Lin
發行人 陳韋竹
總編輯 嚴玉鳳
主編 董秉哲
責任編輯 董秉哲
封面設計 萬亞雰
版面構成 adj.形容詞
校對 吳榛鈺
行銷企畫 adv.副詞
製版 軒承彩色製版有限公司
印刷 通南彩色印刷事業有限公司
裝訂 智盛裝訂股份有限公司

法律顧問 志律法律事務所・吳志勇律師
出版 凱特文化創意股份有限公司
地址 新北市236土城區明德路二段149號2樓
電話 02-2263-3878
傳真 02-2236-3845
讀者信箱 katebook2007@gmail.com
部落格 blog.pixnet.net/katebook
經銷 大和書報圖書股份有限公司
地址 新北市248新莊區五工五路2號
電話 02-8990-2588
傳真 02-2299-1658
初版2刷 2020年9月
ISBN 978-986-97345-8-5
定價 新台幣350元

國家圖書館出版品預行編目資料｜留下來生活／謎卡 著.
──初版.──新北市：凱特文化，2020.9 208面；14.8×21公分.（文學良品；26）
ISBN 978-986-97345-8-5（平裝） 1.旅遊 2.世界地理 719 109012475

留下來生活

Stay with me

謎卡 Mika lin